Zur Freiheit berufen

Pietro Archiati

Zur Freiheit berufen

Natur, Schicksal und Freiheit

im Leben des Menschen

Archiati
Verlag

Dieses Buch ist die zweite Auflage von
«Freiheit, Sinn des Schicksals».

Erste Auflage 2004

Druck: Memminger MedienCentrum, Memmingen
Lektorat: Anne Stalfort, Hamburg
Redaktionelle Mitarbeit: Eva Koglin, Ganderkesee;
Heino Großmann, Delmenhorst
Umschlag: Archiati Verlag, München

ISBN 3-937078-21-5

Archiati Verlag e. K.
Sonnentaustraße 6a · D-80995 München
Telefon: (089)15 000 513 · Telefax: (089)15 000 542
info@archiati-verlag.de · www.archiati-verlag.de

Inhalt

Jeder Mensch trägt ein spielendes Kind in sich, jeder Erwachsene möchte wie sein inneres Kind werden.

Die Ereignisse des Lebens, selbst schmerzhafte Schicksalsschläge, sind wie ein entgegen geworfener Ball. Und das Kind ist gespannt, wie es den Ball fängt und in seinem Sinne zurückwirft ...

I Die Frage des Schicksals: Notwendigkeit oder Freiheit?

11. September 2001: Die Zwillingstürme des World Trade Center in New York werden von zwei Flugzeugen gezielt zum Einsturz gebracht. Eine weitere Maschine steuert in das Gebäude des Pentagon in Washington.

Ist nicht ein solches Geschehen zugleich Schicksal des Einzelnen und der ganzen Menschheit? Greift man nicht zu kurz, wenn man lediglich nach «den» Schuldigen, den Attentätern oder ihren Hintermännern fragt? Könnte es sein, dass die tieferen Ursachen in der ganzen Menschheit zu suchen sind? Kann jemand behaupten: «Ich habe nichts zu diesem Geschehen beigetragen»? Wenn kein Mensch außerhalb der Menschheit steht, wenn jeder mittendrin ist wie eine Zelle im Organismus, die alles mitverursacht und miterlebt – muss sich dann nicht jeder fragen, was er mit diesem Ereignis zu tun hat?

Um eine Antwort auf diese Frage zu finden, kann man als erste Orientierung drei Bereiche unterscheiden, die bei jedem Ereignis eine Rolle spielen: 1. das äußerliche Geschehen, insoweit es objektiv und von allen sinnlich wahrgenommen werden kann; 2. die persönliche, unterschiedliche Beteiligung des einzelnen Menschen; 3. der objektive Sinn des Ganzen – falls es einen gibt –, der nicht sinnlich wahrgenommen, sondern nur durch das Denken erfasst werden kann.

Da gibt es zunächst das äußerliche, sinnlich wahrnehmbare Geschehen. Die Geschwindigkeit und das Gewicht der Flugzeuge, die Statik der Türme, die von der Explosion erzeugte Temperatur, das Gewicht der oberen Stockwerke, die das ganze Gebäude zum Einsturz bringen. Ein Naturwissenschaftler findet hier ein weites Feld für seine Untersuchungen. Er kann die Phänomene durch Naturgesetze erklären, die auf dem Prinzip von sinnlich wahrnehmbaren Ursachen und Wirkungen beruhen. Naturgesetze lassen keine Ausnahme zu. Man kann durch Berechnungen zum Beispiel nachweisen, dass die Stahlträger höchstens eine bestimmte Temperatur ertragen können; darüber hinaus schmelzen sie und bringen die darüber liegenden Stockwerke zum Einsturz.

Aber für das Schicksal eines Menschen ist diese sinnlich wahrnehmbare Seite des Geschehens nicht entscheidend. Für den, der an jenem Morgen scheinbar zufällig zwei Stunden später zur Arbeit ging, ist dieses schreckliche Ereignis *nicht* die Ursache der für sein Schicksal höchst bedeutsamen Tatsache, dass er verschont geblieben ist. Die Ursache dafür liegt nicht in einem allgemein gültigen Naturgesetz, sondern in seiner persönlichen, individuellen Geschichte: Er hatte am Vorabend mit Freunden bis spät in die Nacht gefeiert und wollte deshalb länger schlafen. War das reiner Zufall? War die Feier auch zufällig? Hat er einfach Glück gehabt?

Die naturwissenschaftliche Erklärung eines Geschehens untersucht immer das Wie: Wie sind die zwei Türme zum Einsturz gebracht worden? Die individuelle Schicksalserklärung dagegen sucht nach dem Warum: Warum hat dieser Mensch gerade an diesem Tag länger geschlafen? Warum ist er verschont geblieben? Die Ursachen dafür liegen in der Vergangenheit dieses Menschen. Aber um erschöpfend zu erklären, warum mit einem Menschen etwas geschieht, genügt nicht allein die Vergangenheit. Im menschlichen Schicksal ist die Zukunft oft eine noch wichtigere Ursache, und zwar in Form von Absichten und Zwecken. Das Handeln eines Menschen ist von Zielen bestimmt, und deshalb gehören diese Ziele zu den wichtigsten Ursachen all dessen, was er unternimmt oder unterlässt.

Auch die Selbstmordattentäter, die die Flugzeuge in die Türme steuerten, verfolgten damit ein bestimmtes Ziel. Aber damit nicht genug: Vielleicht wurden diese Menschen ohne ihr Wissen wiederum von anderen als Werkzeuge für deren Zielerreichung gebraucht. Stellt man sich die Menschheit als einen einheitlichen Organismus vor, kann man noch einen Schritt weiterdenken: Lässt sich ausschließen, dass es eine noch höhere Regie gibt, die die Geschicke der Menschheit sinnvoll leitet und die auch solche Ereignisse mit einem bestimmten Ziel im Auge hervorruft oder zulässt, zum Beispiel um die Menschen wachzurütteln?

Beim körperlichen Organismus eines Menschen ist es ebenso. Die Ursache für vieles, was im Körper geschieht, ist der Mensch mit seinen Zielen. Etwas nicht Materielles – die Ziele – ist offensichtlich die entscheidende Ursache für etwas anderes, was auf der materiellen Ebene geschieht.

Könnte etwas Ähnliches nicht auch für die sinnlich wahrnehmbaren Ereignisse des 11. September 2001 gelten? Könnte nicht auch da etwas nicht Materielles, das aufgrund übergreifender Ziele ins Schicksal der Menschheit eingreift, die tiefere Erklärung sein?

So betrachtet, spielt sich alles Schicksalsgeschehen auf drei Ebenen ab:

- Insoweit ein Ereignis sinnlich wahrnehmbar ist, spielen *Naturgesetze* eine entscheidende Rolle. In der Verkettung zwischen Ursache und Wirkung finden diese Ereignisse ihre objektive Erklärung.
- Insoweit aber bei jedem Ereignis auch Menschen betroffen sind, treten Ursachen auf den Plan, die bei jedem Menschen verschieden sind. Auf dieser zweiten Ebene geht es nicht mehr um Naturgesetze, sondern um persönliche Schicksale, um einzigartige Lebenswege. Früher hat man diese individuelle Ursachenwelt die Welt der *Seele* genannt, im Unterschied zur natürlichen Ursachenwelt, wo der *Körper*, die Natur, die führende Rolle spielt.
- Eine dritte Ebene des Schicksals kann die Ebene des *Geistes* genannt werden: Hier herrscht wiederum, wie bei allem Körperlichen, Allgemeingültigkeit, Objektivität – im Unterschied zur Welt der Seele, wo alles persönlich, alles nur subjektiv, nur für den jeweiligen Menschen gültig ist. Nur ist dieses Objektive nicht – wie bei der Feststellung von Natur-

gesetzen – sinnlich wahrnehmbar, sondern nur durch das Denken, nur geistig zu erfassen. Wenn die Ereignisse vom 11. September eine für alle Menschen gültige Bedeutung haben, wenn sie einen Sinn oder Zweck haben, kann dieser Sinn nur durch ein «geistiges Wahrnehmungsorgan» – das Denken – erkannt werden.

Bausteine des Schicksals in der griechischen Philosophie

Die Grundlagen der heutigen Kultur liegen im antiken Griechenland mit seiner phantasievollen Mythologie und meisterhaften Kunst. Dort entstand auch die Sprache der Philosophie. Sogar Immanuel Kant war der Meinung, dass nach Aristoteles kaum neue Begriffe im abendländischen Denken geschaffen worden seien.

Die griechischen Mythenschöpfer und Philosophen unterschieden drei Bereiche, drei Wirkungsarten des Schicksals. Die drei Bezeichnungen, die sie dafür prägten, schweben zwischen mythologischem Bild und philosophischem Begriff.

1. *Ananke*, die Naturnotwendigkeit. Dieses Wort drückt die «Einengung» aus, die man in Situationen erlebt, aus denen es kein Entrinnen gibt (die Wörter Enge und Angst sind von «Ananke» abgeleitet). Die Gesetze der Natur machen keine Ausnahme und am einengendsten erlebt der Mensch die Natur buchstäblich am eigenen Leibe. Die

Gesetze des Körpers muss er achten, wenn er gesund leben will. Wenn ein Mensch gegen seine Natur verstößt, wenn er sich widernatürlich verhält, wird er das büßen. Er erlebt dann die Ananke der Naturgesetze als Zwang.

2. *Moira*: Dieses Wort bedeutet etwa «Anteil», «Los» oder «Portion». Es bezieht sich auf eine zweite Schicht des Schicksals, auf das, was jeden Menschen zu einer Persönlichkeit mit besonderer innerer Prägung macht. Ananke bezieht sich mehr auf das Körperliche, Moira kann man mit «Seele» übersetzen, wenn man darunter die ausgeprägte Welt der persönlichen Begabungen, der Neigungen und Abneigungen eines Menschen versteht. Der Körper unterliegt Gesetzen, die für alle gleichermaßen gelten. Seine besonderen Merkmale kommen vom Einfluss, den die innere Welt auf den Körper ausübt, zum Beispiel bei den Zügen des Gesichts, die bei jedem Menschen anders sind. Moira war also für die Griechen das, was jeder für das ganze Leben vom Schicksal zugeteilt bekommt: an Besitz und Lebensdauer, an Fähigkeiten, Temperament und Intelligenz.

3. *Tyche*, was so viel wie «Zufall» oder «Treffen» bedeutet. Damit wird die dritte Schicht des Schicksals angesprochen: die Ereignisse, die einem Menschen von außen zustoßen, die Begegnungen, die jemanden näher «tangieren» (lateinisch «tangere», berühren, ist damit verwandt). Die deutsche Sprache hat darin vor allem die Heimtücke des Schicksals sehen wollen, doch die griechische Tyche kann auch gute Chancen bieten. Sie kann einen Unfall bescheren; sie kann jedoch auch die richtige Lottozahl zie-

hen lassen. Die Römer haben sie «fortuna» genannt, das Unberechenbare, was scheinbar zufällig passiert. Und ein «fortunato» ist im Italienischen ein Glückspilz.

Platon dokumentiert in seinen «Gesprächen» die Ablösung des Mythos durch den Logos, den Übergang von den alten Bildern zu den neuen Begriffen. Sokrates argumentiert bereits logisch; aber wo es um Bereiche des Lebens geht, denen mit nüchterner Logik schwer beizukommen ist, greift er gern auf die alte Weisheit des Mythos zurück. So zum Beispiel am Ende des «Staates», in der Erzählung vom «Er». Dieser «Er» wird wie ein Ahne dargestellt, der den Menschen eine Art Urweisheit vermacht hat; manche Schriftsteller der Antike haben in ihm Zoroaster oder Zarathustra gesehen. Platons «Er» führt aus, wie die Seelen der Menschen sich vor ihrer Rückkehr auf die Erde die ihnen passende Lebensweise (Moira oder Schicksal) auswählen. Es ist von drei Moiren die Rede – im Norden werden diese Schicksalsschwestern «Nornen» genannt –, die als Töchter der Ananke, der Notwendigkeit, dargestellt werden. Die Lebensweise, die Moira eines Menschen, wird im Laufe der Zeit zu seiner zweiten Natur, sie wird zu einem Stück Naturnotwendigkeit in ihm.

Die erste der Moiren heißt *Lachesis*, das bedeutet «die das Lebenslos Bestimmende». Sie ist die Moira der Vergangenheit, die gespeicherte Erinnerung des schon Getanen. In der nordischen Mythologie heißt sie *Urd*, das seit Urzeiten «Ge-wordene».

Die zweite Moira ist *Klotho*, die Spinnerin des Lebensfadens. Sie sorgt für die Gegenwart, bekleidet sozusagen den Menschen mit den jeweils nötigen Kräften. Sie ist die nordisch-germanische *Verdandi*, die Norne des gegenwärtigen «Werdens».

Die dritte Moira heißt *Atropos*, «die Unabwendbare», was vor allem für die Todesstunde gilt. Sie sorgt für die Zukunft, für alles, was der Mensch bei seiner weiteren Entwicklung braucht und was deshalb auf keinen Fall abgewendet werden oder ausbleiben darf. Im Norden heißt sie *Skuld*, weil sie für den Menschen all das verwaltet, was er der Welt und anderen Menschen – oder auch sich selbst – «schuldet» und was in der Zukunft zurückbezahlt, ausgeglichen oder erst noch errungen werden soll.

Alle drei Bestandteile des Schicksals – Ananke, Moira und Tyche – wurden in früheren, Mythen bildenden Zeiten personifiziert. Sie wurden als weise Göttinnen, als bewusst ihre Ziele verfolgende geistige Wesen betrachtet. Der Anfang ihrer Namen wurde sozusagen in Großbuchstaben geschrieben, so wie es auch im Lateinischen zuweilen mit *Natura* (Ananke), *Sors* (Moira) und *Fortuna* (Tyche) geschah. Im Laufe der Zeit wich aber das mythologische Bildererleben immer mehr dem philosophischen Begriffsdenken. Und aus den drei Schicksalsgöttinnen wurden drei nüchterne, abstrakte Begriffe: das Naturgesetz (Ananke), das Schicksal (Moira) und der Zufall (Tyche). Im Deutschen haben sie alle mit der Zeit ihren weiblichen Zauber eingebüßt und sind sächlich oder männlich geworden: das Naturgesetz, das Schicksal, der Zufall.

Schicksalsvorstellungen im Judentum und Christentum

Diese Entwicklung von mythologischen Bildern zu abstrakten Begriffen ist vor allem dem Judentum und dem Christentum zu verdanken, denn beide haben ein ausgesprochenes monotheistisches Anliegen: Es gibt nur einen Schöpfer, betonen sie – sei es Jahve oder der christliche Gott –, und alles andere ist nur sein Geschöpf. Judentum und Christentum machten Schluss mit dem bunten Polytheismus des griechischen Olymps, wo nicht einmal der Obergott Zeus sich an seine eigenen Regeln hielt. Sie betonten den Monotheismus und erzogen so die einheitliche Kraft des Ich im Menschen. Es ging ihnen darum, eine geistige Führungsinstanz im Menschen zu stärken, die die Vielfalt der widerstreitenden Seelenkräfte – die die Griechen mit ihren vielen Göttern ausgedrückt hatten – beherrschen sollte.

Diese Leistung der hebräisch-christlichen Kultur hatte aber auch ihren Preis. Vor lauter Betonung der Einheit – «Es gibt nur einen Gott» – hatte man die geistige Vielfalt von Welt und Mensch weitgehend aus dem Auge verloren. Alle geistigen Wesen, außer dem einen und einzigen Gott, verschwanden im Laufe der Zeit. Im Mittelalter erlebten die abgestuften Hierarchien der Engel, die Dante in seiner «Göttlichen Komödie» noch voll zu würdigen wusste, ihre letzte, hauchdünne Existenz. Die Annahme, dass auch der Mensch als geistiges Wesen zur Anteilnahme am Göttlichen berufen sein könnte, galt zunehmend als Inbegriff der Ketzerei. So ist der Gott der Christen vor lauter Betonung seiner Einzigkeit auf einen Sitzplatz versetzt worden, der noch viel erhabener ist als der griechische Olymp – jenseits von allem, was menschlich erfassbar oder erfahrbar ist.

Die christliche Entmythologisierung ist so gut gelungen und so weit gediehen, dass selbst der gute sokratische *Daimon*, der inspirierende Genius, buchstäblich dämonisiert und ganz und gar verteufelt wurde. Es wurde daraus der christliche Dämon, der bitterböse Teufel. Die antiken Griechen hatten zuweilen den wohltuenden *Daimon* des Menschen mit der Moira gleichgesetzt: Beide Namen bezeichneten eine gute Wesenheit, das geistige, ewige Ich des Menschen – seine göttliche Entelechie, wie Aristoteles und sogar noch Goethe sie zu nennen pflegten.

Das Ziel des Monotheismus ist die Eroberung der menschlichen Individualität, die Erfahrung des Ich, des selbständigen Denkens und der individuellen Verantwortung im Handeln. Dies wurde zunächst dadurch erreicht, dass alles, was nicht zum bewussten Ich gehört, in den Hintergrund gedrängt wurde oder vollständig in Vergessenheit geriet. Beim heranwachsenden Menschen ist es nicht anders: Wenn er anfängt, das eigene Ich geltend zu machen, muss zunächst eine gewisse Einseitigkeit in Kauf genommen werden. Erst wenn das Ich später Kraft oder Reife erlangt, ist es imstande, nach Allseitigkeit zu streben.

Die deutschen Idealisten, ganz besonders Fichte, wussten noch, dass alles, was im herkömmlichen, ungeschulten Bewusstsein erlebt wird, nur die Spiegelung einer überbewusst bleibenden geistigen Wesenheit ist. Das Ich-Bewusstsein und das Ich sind zweierlei, sie stehen zueinander wie das Spiegelbild zur Wirklichkeit, die das Bild erzeugt. Das Spiegelbild besitzt keine selbständige Wirklichkeit, es entsteht und vergeht, weil es ganz vom Spiegelungsapparat, in diesem Fall dem Körper, abhängig ist. Die Funktion des Spiegelbildes besteht darin, dass es auf eine Wirklichkeit schließen lässt. Indem es auf das Vorhandensein dieser Wirklichkeit hinweist, macht es sie erst bewusst. Aber das Bewusstsein von etwas, zum Beispiel von einer drohenden Gefahr, ist nicht zu verwechseln mit der Gefahr selber. So ist auch das nur bildhafte Ich-Bewusstsein nicht gleichzusetzen mit der Wirklichkeit des Ich. Das real wirksame Ich, so folgerten die Denker des deutschen Idealismus, kann nur ein rein geistiges Wesen sein, ausgestattet mit individuellem Denk- und Willensvermögen.

Gottes unerforschlicher Ratschluss oder blinder Zufall?

Die klassische Antwort der christlichen Religion auf die Frage des Schicksals lautet: «Alles, was in einem Menschenleben geschieht, hat seinen Ursprung in Gottes unergründlichem Ratschluss. Sein Wille bestimmt das Schicksal für jeden Menschen.» Viele religiöse Menschen der heutigen Zeit sind damit nicht ganz einverstanden. Sie behaupten: «Wir sind davon überzeugt, dass es einen Gott gibt und dass er das Schicksal der Menschen in seiner Hand hält. Aber wenn wir die Welt betrachten, die dieser Gott geschaffen hat, dann sehen wir überall in der Natur, in jedem Organismus, jedem Blatt, eine vollkommene Weisheit am Werk. Wenn Gott alles so weise erschaffen hat, dann muss es doch auch eine wohl begründete und weise Erklärung dafür geben, warum das Schicksal eines Menschen so ist, wie es ist. Nichts von dem, was Gott tut, kann willkürlich oder ungerecht sein. Und wenn Gott uns das Denken gegeben hat, einen Funken seines Geistes, um seine Weisheit am Werk in der Welt zu erfassen und zu bewundern, warum soll dasselbe Denken nicht dazu dienen, auch die göttliche Weisheit, die im Schicksal des Menschen waltet, immer tiefer zu erforschen, immer besser zu erkennen?»

Diese Menschen geben sich nicht länger damit zufrieden, wenn man ihnen den unergründlichen Willen Gottes als Erklärung für die Rätsel des Schicksals anbietet. Sie lassen sich nicht länger davon einschüchtern, wenn religiöse Autoritäten behaupten, es wäre menschliche Anmaßung, den Willen Gottes verstehen zu wollen. Sie fragen: «Wer darf dem menschlichen Geist Schranken setzen, wenn nicht einmal Gott ihn beschränkt hat? Heißt es nicht in der Bibel, dass Gott den Menschen nach seinem Bilde geschaffen hat? Haben manche religiöse Führer etwa Angst, dass es anderen gelingen könnte, etwas mehr von Gottes Ratschlüssen zu ergründen, als es ihnen gelungen ist?»

Die Antwort der Naturwissenschaft auf die Frage des Schicksals ist eine andere als die der Religion. Sie lautet: «Wenn ein Einzelfall unter ein allgemeines Naturgesetz fällt, findet er darin seine Erklärung. Das Schicksal eines Menschen ist aber immer etwas Einzigartiges und Einmaliges. Nichts darin wiederholt sich mit der Regelmäßigkeit eines Naturgesetzes. Es muss infolgedessen alles als Zufall betrachtet werden.»

So hat die Wissenschaft erst Gott durch die Natur ersetzt und dann alles, was im menschlichen Schicksal geschieht, weil es nicht durch ein Naturgesetz erklärt werden kann, zum bloßen Zufall erklärt. Die Wissenschaft scheint bescheidener als die Religion zu sein, indem sie den allmächtigen Gott durch den anspruchsloseren Zufall ersetzt hat. Aber wenn sie vom Zufall spricht, zeigt sie damit nur eine Lücke im menschlichen Denken, denn im eigentlichen Sinne bedeutet das Reden vom Zufall: «Ich weiß nicht, warum mir oder dir dieses oder jenes passiert. Ich habe keine Erklärung dafür.»

Gleichzeitig behauptet die Wissenschaft, dass es für alles, was existiert, eine Ursache, eine Erklärung geben muss. Eine vorhandene Tatsache, die prinzipiell ohne Ursache und daher unerklärbar sein soll, kann es nicht geben. Alles, was im Schicksal eines Menschen als Tatbestand vorliegt, muss die Wirkung einer Ursache sein. Diese erklärende Ursache muss existieren, sonst wäre die Wirkung nicht vorhanden. Wenn alles, was in der Welt existiert, durch das Gesetz von Ursache und Wirkung zustande kommt, warum sollte dieses Gesetz für die Tatsachen des

Schicksals keine Gültigkeit haben? Sollte das menschliche Schicksal nicht auch dem allgemeinen Gesetz von Ursache und Wirkung folgen, auch wenn seine Komplexität bis heute nur ansatzweise und undeutlich zu erkennen ist?

Die Suche nach einer Wissenschaft vom Schicksal

Sebastian Haffner schildert in seiner «Geschichte eines Deutschen» den Augenblick, in dem er erfährt, dass er den Nazis über seine Gesinnung und sein privates Leben Rechenschaft ablegen soll. Er bekommt einen Brief, in dem man ihm als angehendem Richter seine «Umerziehung» ankündigt. Er kann sich vorstellen, was passieren wird, wenn er sich weigert, seine Gesinnung – nicht nur das äußere Verhalten – gleichzuschalten.

Haffner schreibt: «Dies war das erste Mal, glaube ich, dass ich einen richtigen Tobsuchtsanfall hatte. Der Anlass mag recht unbedeutend scheinen, aber die Reaktionen von uns schwachen und gebrechlichen Menschen richten sich ja nicht immer streng nach der Größe und allgemeinen Bedeutung des Anlasses. Ich schlug mit den Fäusten gegen die Wände wie ein Eingesperrter und schrie und schluchzte und verfluchte Gott und die Welt, meinen Vater, mich, das Deutsche Reich, die Zeitung und all und jeden.»

Die unüberhörbare Frage des Schicksals, das unheimliche «Warum, warum mir?» klopft hier symptomatisch an die Tür des menschlichen Bewusstseins. Und der Mensch drückt seine geistige Ohnmacht nicht weniger symptomatisch durch wildes Schlagen an die physische Wand aus. Was diesem Menschen – und der gesamten westlichen Kultur – am auffälligsten fehlt, was er mit allen Fasern seines Wesens sucht, ohne es sich voll bewusst zu machen, ist eine wissenschaftlich fundierte Erkenntnis der Gesetze des Schicksals. Alles in der Welt ist auf Rationalität gebaut – aber wie kann ein Mensch ertragen, dass das Wichtigste und Tiefste seiner Existenz, der Ablauf seines Schicksals, sich ohne erkennbare Gesetzmäßigkeit und Vernunft abspielt und aus ihm einen Spielball des blinden Zufalls macht?

Man sieht sie heute überall aufsprießen, die Sebastian Haffners, die anfangen zu toben und um sich zu schlagen, weil sie überall im Leben Sinnlosigkeit wahrnehmen. Und wer nicht mit Gewaltausbrüchen auf die Ungerechtigkeiten im Schicksal der Menschen reagiert, wird vielleicht in die Resignation getrieben, wird immer depressiver. Die alarmierende Zunahme von Depressionen ist die auffälligste Begleiterscheinung einer modernen Mangelkrankheit, des Mangels an Sinn. Nur kann dieser Sinn im Zeitalter der Rationalität nicht mehr auf wundersame Weise hergezaubert oder bloß naiv geglaubt werden. Er muss heute, um einen modernen Menschen zufrieden zu stellen, in seiner komplexen Objektivität erforscht werden. Und genau dies ist mit einer Wissenschaft vom Schicksal gemeint: die methodische Untersuchung der objektiven Gesetze, die das Leben des Menschen beherrschen und ihm einen Sinn verleihen.

Die Lehre vom Karma in den östlichen Kulturen

In den alten Schriften der östlichen Weisheitsreligionen finden sich Aussagen über das Karma, die westliche Menschen in Erstaunen versetzen. Diese Aussagen können unmöglich bloß «geglaubt» werden, nein, sie ergeben nur dann einen Sinn, wenn sie in ihrer inneren Logik verstanden werden. Die alte östliche Wissenschaft vom Karma geht davon aus, dass die Welt voller Geister, voller bewusst handelnder Wesen ist. Ihr Grundsatz lautet: Alles geistige Wirken in der Welt geschieht nach dem Gesetz von Ursache und Wirkung, dem «Karma». Dieses Karma ist nichts anderes als die gesetzmäßige Verknüpfung von Ursache und Wirkung auf allen Ebenen des Weltgeschehens. Nicht nur die Phänomene der Natur, sondern alles menschliche und göttliche Handeln unterliegt dem Gesetz von Ursache und Wirkung. Die Folgen des göttlichen und menschlichen Handelns sind nie willkürlich oder beliebig, sondern immer gesetzmäßig und vernünftig. Überall in der Welt ist zuverlässige Vernunft am Werk, nirgendwo ist blinder Zufall.

Wenn man die Handlungen eines Menschen betrachtet, unterscheidet die östliche Weisheit drei Bereiche, die eine verblüffende Übereinstimmung mit den Aussagen der griechischen Philosophie zeigen:

1. Jede Handlung eines Menschen greift in die vorhandene Welt ein und verändert sie. Ganz gleich, ob jemand Blumen gießt, Auto fährt, eine Mahlzeit genießt oder

einen niedergeschlagenen Freund tröstet: Bei jeder Handlung verändert er die Welt. Die gegenwärtige Welt ist für die alte östliche Philosophie das karmische Resultat von vergangenen göttlichen und menschlichen Handlungen. Jede neue Handlung trägt zu ihrer weiteren Prägung bei. Diese erste Eigenschaft des karmischen Wirkens deckt sich mit der griechischen Ananke, der Naturnotwendigkeit. Das Handeln in der Welt kann nur unter Beachtung der Naturgesetze erfolgen, weil die menschliche Tätigkeit die Gesetze der Natur als ihre Grundlage voraussetzt.

2. Jede Handlung erzeugt auch eine Rückwirkung auf den Handelnden. In der östlichen Auffassung des Karmas wird jeder Mensch, der handelt, als frei denkender und entscheidender Geist aufgefasst. Ein Stein kann dagegen zwar etwas bewirken, niemals aber handeln. Jede Handlung wird zum Karma des Handelnden: Sie verändert nicht nur die Welt, sondern vor allem den Handelnden selbst, sie wirkt auf ihn selbst zurück. Diese Rückwirkung liegt nicht nur in dem, was der Handelnde unmittelbar und bewusst durch sein Handeln beabsichtigt. Sie geschieht außerdem auf eine Art und Weise, die er weder beabsichtigt noch ganz durchschauen kann. Auch die inneren Handlungen, die Gedanken, sind karmisch wirksam. Wenn jemand einen Gedanken der Liebe oder des Hasses denkt, wird er in seinem Wesen verändert und wirkt entsprechend auf die Welt.

Jeder Mensch ist das Ergebnis der inneren und äußeren Handlungen, die er in der Vergangenheit vollbracht hat. Keiner trägt in sich irgendetwas, was nicht eine gesetzmäßige und angemessene Wirkung seines eigenen

Wirkens wäre. Jeder ist Ursache seiner selbst, jeder ist die Gesamtwirkung seiner Taten. Das Karma eines Menschen ist das, was er selbst aus sich gemacht hat. Diese zweite Seite des Schicksals haben die Griechen mit der Moira ausdrücken wollen. Denn was ist das mir zukommende Los, der zu mir passende Schicksalsanteil, wenn nicht genau der Mensch, den ich durch mein vergangenes Handeln selbst zustande gebracht habe? Das Karma tut keinem unrecht. Jeder bekommt das Seinige, jeder *ist* in seinem innersten Wesen genau das, was er im Laufe der Zeit aus sich gemacht hat. Alles menschliche Handeln in der Welt ist Arbeit an sich selbst.

3. Im Wirken des Karmas entsteht eine gegenseitige Anziehungskraft zwischen der vollbrachten Handlung und dem Handelnden. Weil jede Handlung sowohl in der Welt als auch im Handelnden eine Veränderung hervorruft, entsteht durch diese Entsprechung eine karmisch wirksame Anziehungskraft zwischen beiden. Zwischen dem veränderten Stück Welt und dem Urheber der Veränderung wird ein Spannungsfeld wirksam, vergleichbar einer magnetischen Kraft, die die beiden dazu antreibt, sich gegenseitig zu suchen. Jeder Mensch will unbewusst immer dorthin zurück, wo er etwas getan hat, um das Unvollkommene auszubessern, um das allzu egoistisch Getane auszugleichen, um die von anderen empfangene Liebe mit Liebe zu vergelten, um die Rückwirkung der eigenen Liebestaten dankbar zu erleben. So werden durch das Wirken des Karmas Mensch und Welt immer stärker miteinander verknüpft.

Wenn jemand aus Hass einen anderen Menschen schwer verletzt, zeigt diese Tat in der objektiven Welt viele Wirkungen. Nicht nur die Verletzung ist geschehen – was den Täter betrifft, ist dies auch ein Stück Welt –, sondern eine Folge ist auch das Ausbleiben all der Weltveränderungen, die der jetzt schwer Behinderte hervorgerufen hätte, wenn er gesund geblieben wäre. Der Täter verändert durch seine Handlung auch sein eigenes Selbst, die Welt seiner Gedanken, seinen moralischen Wert. Er ist in seiner Seele um vieles «schlechter», moralisch minderwertiger geworden. Die Kräfte, die ihm ermöglichen, Gutes zu tun, sind in ihm wesentlich schwächer geworden.

Die Folge dieser Tat ist, dass im Täter unbewusst der starke Drang entsteht, denselben Menschen wieder aufzusuchen, um durch liebevolle Handlungen dem Bösen eine neutralisierende Kraft entgegenzusetzen. Karma heißt, dass der Täter in sich eine unbewusste, aber äußerst wirksame Anziehungskraft zu allen Folgen seines Wirkens trägt. Diese Wirksamkeit nennen die östlichen Religionen «Karma». Gemeint ist damit die weisheitsvolle Verkettung von Ursache und Wirkung im menschlichen Leben und Handeln.

Eine wissenschaftliche Erkenntnis des Karmawirkens, so die alte östliche Weisheit, ist möglich, obwohl sie in ihrer Komplexität keineswegs leicht ist. Karma ist gleichbedeutend mit Weltvernunft, und alles Vernünftige ist dazu da, von der menschlichen Vernunft erfasst zu werden. Deshalb musste die göttlich geoffenbarte und menschlich geglaubte Karmaweisheit im Laufe der Zeit verloren gehen, um jedem einzelnen Menschen die Möglichkeit zu geben, sie auf neue Weise zu erringen: als Schöpfung seines freien und individuellen Denkens.

Rudolf Steiners Geisteswissenschaft

An der Wende vom 19. zum 20. Jahrhundert unternahm Rudolf Steiner den Versuch, in der westlichen Kultur eine Wissenschaft vom Wirken des Schicksals zu begründen. In seiner Geisteswissenschaft überträgt er die Methode, nach der die Naturwissenschaft die sinnlich wahrnehmbare Welt erforscht, auch auf die Welt des Übersinnlichen, des Geistigen – eine Tat, die einer kopernikanischen Revolution gleichkommt.

Auch Rudolf Steiner legt in der Betrachtung des Schicksals drei Bereiche zugrunde, drei Ebenen der Wirklichkeit. Der Mensch wird als kleine Welt für sich gesehen, ein Mikrokosmos, in dessen Schicksal alle Kräfte des Makrokosmos, der großen Welt, ineinander wirken. Die drei Bereiche des Schicksals sind:

1. *Das körperliche Wohlbefinden oder Missbehagen.* Ohne Körper könnte ein Mensch nicht leben. Die innerhalb seines Körpers wirksame Naturnotwendigkeit – die Ananke der Griechen – ist allgemein gültig wie alle anderen Naturgesetze außerhalb des Körpers auch. Diese körperlichen Gesetze werden von einer Generation auf die nächste vererbt. Sie wirken mit der gleichen Gesetzmä-

ßigkeit durch mehrere Generationen. Im Schicksal eines Menschen hängt vieles von der ererbten physischen Konstitution ab: Ist sie stark oder eher schwächlich, überwiegt ein Grundgefühl des Wohlbefindens oder des Missbehagens? Die individuellen Unterschiede in der physischen Konstitution können nicht von der Natur kommen, die alle gleich macht. Sie haben ihre Ursachen in der Seele und im Geist eines Menschen. Die körperlichen Unterschiede zwischen den Menschen deuten auf eine individualisierende Arbeit in der Vergangenheit hin. Diese kann aber nur von einer schon individualisierten Seele geleistet worden sein. Deshalb ist der folgende Bereich noch wichtiger für das Schicksal:

2. *Die seelischen Kräfte der Sympathie und Antipathie.* Damit ist die innere Welt eines Menschen gemeint, die Welt seiner Fähigkeiten, seiner Empfindungen und Emotionen, seiner Begierden, Triebe und Leidenschaften, kurzum: alles, was er liebt, was ihm gleichgültig ist, was er nicht mag. Diese inneren Kräfte bestimmen das Schicksal eines Menschen entscheidend mit. Der eine hat eine Schwäche für Sport, der andere für Briefmarken und der dritte für Gartenarbeit – und alle drei werden versuchen, dieser Leidenschaft so viel wie möglich unterzuordnen.

Wer diese Seelenphänomene im Hinblick auf das Schicksal des Menschen untersucht, muss die Frage stellen: Wie wirkt das Gesetz von Ursache und Wirkung in der Welt der Sympathien und Antipathien? Wie entsteht überhaupt Sympathie? Auf welche Art und Weise wird Abneigung erzeugt? Warum soll nicht auch in den Seelenphänomenen eine erkennbare Gesetzmäßigkeit walten? Natürlich müssen die Wirkungsgesetze der seelischen Kräfte viel komplizierter sein als die sich gleichförmig wiederholenden Naturgesetze, die im Körper wirken.

3. *Die Ereignisse des Lebens*, die dem Menschen von außen zustoßen, stellen den nächsten Bestandteil des Schicksals dar. Vieles im Leben eines Menschen hängt von dem ab, was ihm die Welt entgegenbringt: Welchen Menschen begegnet er? Welche Ereignisse stoßen ihm zu und was für Erlebnisse lösen diese wiederum aus?

Jemand hat zum Beispiel einen Autounfall, der sein Leben beträchtlich verändert. Er wird sich fragen: Warum ist das ausgerechnet mir passiert? In dieser Frage wird die Überzeugung ausgedrückt, dass er in sich selbst – in der Welt seiner inneren Kräfte – nichts sehen kann, was ihm eine Erklärung dafür gibt, was er als rechtmäßige Ursache seines Unfalls erkennen könnte. Aber gerade hier liegt der Grund, warum so deutlich zwischen Seele und Geist unterschieden werden muss. Wenn ich ein Schicksalsereignis als Folge meiner inneren Prägung ansehen kann, als passendes Gegenstück meiner seelischen Verfassung – als gleichsam von mir angezogen, von mir «verdient» –, dann finde ich in mir selbst, in meiner selbstbewussten Seele, die Ursache und folglich auch die Erklärung. Die Griechen nannten das Moira.

Aber bei einem Autounfall? Wie kann ich sagen, dass so etwas zu meiner Seele «passt»? In diesem Fall sprachen die Griechen nicht mehr von Moira, sondern von Tyche. Meine seelische Lage allein, insoweit sie mir bewusst ist, genügt nicht, um mir den Unfall zu erklären. Wenn er nicht zufällig ist, kann er nur von einem Bewusstsein ins Auge gefasst worden sein, das weiter reicht als mein eigenes, das mehr in mir sieht, als ich sehe. Die östliche Lehre vom Karma deutet auf diese dritte Schicht des Schicksals hin, wenn sie vom Anziehungsband zwischen dem Handelnden und seinen zur Weltbegebenheit gewordenen Handlungen spricht.

Vererbung und Karma

Wenn ein Mensch fragt, woher er seine schwarzen Haare, seine blauen Augen oder seine dunkle Haut hat, so lautet die herkömmliche Antwort: «Das ist Vererbung. Diese Merkmale sind im Genpool deiner Eltern enthalten und auf dich in einer gewissen Mischung übertragen worden.»

Solange es um äußerliche Merkmale geht, die Eltern und Kinder gemeinsam haben, ist diese Erklärung berechtigt. Die Untersuchungen bleiben im Bereich der sinnlich wahrnehmbaren Welt, deren Gesetze der Naturnotwendigkeit unterliegen. Es sind lediglich die Gesetze der Ananke, würden die Griechen sagen. Etwas sinnlich Wahrnehmbares wird als Folge eines anderen sinnlich Wahrnehmbaren erklärt.

Solche Kausalerklärungen, insoweit sie sich auf die materielle Herkunft von Merkmalen des Menschen beschränken, berücksichtigen aber nur einen der drei Bereiche, die für eine erschöpfende Erklärung der Schicksalsphänomene berücksichtigt werden müssen. Die Frage des Schicksals hat wenig mit der Frage des «Woher?» der körperlichen Merkmale eines Menschen zu tun. Es ist einleuchtend, dass ein Kind weißer Eltern auch eine weiße Haut haben wird. Aber die Frage des Karmas lautet nicht: «Woher habe ich meine weiße Farbe?», sondern: «Warum bin ich von weißen und nicht von schwarzen Eltern geboren worden?»

Viele Wissenschaftler würden hierauf antworten: «Darauf gibt es keine Antwort, das ist Zufall.» Aber mit dieser Antwort widerspricht der Forscher dem Grundsatz der Naturwissenschaft, der lautet: Alles, was als realer Tatbestand beobachtet werden kann, muss eine Ursache haben. Wenn man vom Zufall spricht, erklärt man damit, dass keine erklärende Ursache vorliegt. Wissenschaftlich wäre aber nur die Antwort: «Ich kenne die Ursache nicht, aber es muss auf jeden Fall eine geben, denn sonst wäre die vorliegende Wirkung nicht erfolgt. Und es würde dem Grundsatz der Wissenschaft widersprechen, wenn ich behaupten würde, dass die Ursache prinzipiell nicht erkennbar ist. Denn diese Aussage kann selbst nicht nachgewiesen werden.»

Die christliche Trinität

Der Gott des Christentums wird als Einheit und Dreiheit zugleich dargestellt. Diese Trinität war immer wieder umstritten, weil in ihr die Gefahr eines Rückfalls in den Polytheismus, in die Vielgötterei, gesehen wurde. Aber die

Dreifaltigkeit Gottes bezieht sich weniger auf die Natur Gottes selbst – denn darüber kann man nur spekulieren. Sie weist hingegen auf die dreifache Art und Weise hin, wie Gott in der Schöpfung, vor allem aber im Menschen wirkt. Er wirkt anders als Vater, anders als Sohn und wieder anders als Heiliger Geist. Die eine Gottheit wirkt auf drei deutlich verschiedene Weisen auf die Welt ein, und diese werden im Christentum mit den Worten Vater, Sohn und Heiliger Geist bezeichnet.

1. *Gottvater* wird die Gottheit genannt, insoweit sie in und durch die Gesetze der Natur wirkt. Der Mensch erlebt den Vatergott in der Naturnotwendigkeit. Sein Wirkungsbereich ist das, was die Griechen Ananke nannten. Die alten Sprachen drücken das Wirken des göttlichen Vaters in der Natur dadurch aus, dass sie die mineralische Welt und den Vatergott mit demselben Wort belegen. Griechisch-lateinisch «pater» (Vater) ist verwandt mit «petra» (Stein). Hebräisch «even» (Stein) hat dieselbe Wurzel wie «abba», «avva» (Vater). Für die alten Kulturen war es selbstverständlich, dass überall in der Materie der Geist – der göttliche Vatergeist – am Werk ist. Die Naturgesetze waren für sie dauerhaft wirkende göttliche Gedanken. Sie sahen in den Steinen, Pflanzen und Tieren sichtbar gewordene Taten, die geistige Wesen, vom Vatergott angeleitet, vollbracht haben, um für die Entwicklung, das heißt für das Karma der Menschheit, die notwendige Grundlage zu schaffen.

2. *Gott der Sohn* entfaltet seine Hauptwirksamkeit nicht in der Natur, nicht in der körperlichen Wirklichkeit

der Welt, sondern in der Seele des Menschen, in der Welt der menschlichen Gedanken, des menschlichen Fühlens, Wollens und Handelns. So wie der Vatergott durch das Wirken in der Natur seine *Allmacht* entfaltet – die zuverlässige, tragende Berechenbarkeit der Naturgesetze –, so erweist der Sohn seine Liebe gerade dadurch, dass er im Menschen die göttliche Macht zurücknimmt, um dem freien Schaffen des Menschen Platz zu machen. Der Sohn – auch Christus genannt – kann aber die Freiheit nicht einfach geben oder schenken: Eine ohne eigenes Zutun entgegengenommene Freiheit wäre so gut wie keine. Die Liebe des Christus für den Menschen besteht vielmehr darin, dass Gott in ihm und durch ihn liebevoll darauf verzichtet, mit Allmacht und Allwissenheit die Gedanken und Handlungen des Menschen zu bestimmen oder vorauszusehen. Der Mensch kann so selbst entscheiden, welche Gedanken er denkt und welche Handlungen er ausführt. Dadurch wird er immer mehr zu einem bewusst und frei handelnden Wesen. Erst dann ist er fähig – im Sinne der östlichen Lehre –, in eigener Verantwortung individuelles Karma zu erzeugen. Er wird zu einem moralisch zurechnungsfähigen Wesen.

3. Den *Heiligen Geist* erlebt der Mensch im Ausüben seiner schöpferischen Freiheit. Den Sohn erlebt er in seinem Freiheitsvermögen, den Heiligen Geist im Freiheitsvollzug. Die Fähigkeit zur Freiheit und die tatsächliche Anwendung dieser Fähigkeit sind zweierlei. Die Fähigkeit zur Freiheit haben alle Menschen. Sie ist durch das Liebeswirken des göttlichen Sohnes in den Tiefen der

Seele eines jeden Menschen erzeugt worden. Der Unterschied zwischen Mensch und Mensch liegt darin, wie jeder die ihm möglich gewordene Freiheit im Denken und im Handeln ergreift. Der Umgang mit der möglich gewordenen Freiheit individualisiert die Menschen immer weiter. Der eine übt sie umfassender aus, der andere weniger.

Gott wirkt als Vater durch Macht, als Sohn mit Liebe, als Geist im Denken. Der Vatergott verleiht dem Menschen die Grundlage der körperlichen Natur, der Sohn schafft in der Innerlichkeit des Menschen eine freiheitsfähige Seele, den Heiligen Geist muss der Mensch selber in sich zur Wirksamkeit bringen, und zwar durch schöpferisches, intuitives Denken. Hegel schreibt: «Das *Denken* macht die Seele, womit auch das Tier begabt ist, erst zum Geiste.»

Das Christentum hat eine hoffnungsvolle Zukunft, wenn es die göttliche Trinität erkennen kann, das dreifache göttliche Wirken in seinem innigen Zusammenhang mit dem menschlichen Schicksal. Der Sinn der ganzen Entwicklung ist die Individualisierung des Menschen, seine zunehmende geistige Schöpferkraft und Mitverantwortung. Die drei Wirkungsarten der Gottheit bringen die drei Stufen der Freiheitsentwicklung hervor: Die Naturnotwendigkeit ergibt alle äußeren Bedingungen der Freiheit, das Seelenerleben ihre inneren Voraussetzungen, das Leben im geistigen Schaffen ihre Erfüllung. Die Entwicklung zur Freiheit, zum verantwortlichen Mitschöpfertum, ist das Schicksal, die allumfassende Bestimmung des Menschen.

Die drei Ebenen des Schicksals: Vererbung, Biografie, Freiheit

Die Erforschung der materiellen Welt war eine notwendige Stufe auf dem Weg zur individuellen Freiheit des Menschen. Indem die naturwissenschaftliche Methode den Menschen daran gewöhnt hat, alles Persönliche, alles Subjektive in der Betrachtung der Wirklichkeit abzustreifen, hat sie ihm Objektivität beigebracht. Nur im Objektiven ist das zu finden, was für alle gültig ist. Es ist wie in der Mathematik, wo persönliche Meinungen nicht gelten und sich alle über ein Ergebnis einig sein können.

Um diese zwei Ziele zu erreichen – die Schulung des selbständig denkenden Individuums und die Einigung aller durch eine für alle gültige Wahrheit –, musste die Wissenschaft sich zunächst auf die Erforschung der materiellen Welt beschränken. In früheren Zeiten gab es noch Menschen – wenn auch mit fortschreitender Entwicklung immer weniger –, die aus eigener Erfahrung über die geistige Welt sachlich und objektiv berichten konnten. Eine solche durch Beobachtung und Denken gewonnene Erkenntnis des Geistigen fand aber immer seltener statt. Die Inhalte der heiligen Schriften wurden immer weniger individuell erlebt und zuletzt nur noch äußerlich überliefert und geglaubt. Und wo eine schriftliche Überlieferung vorhanden ist, da gibt es auch Schriftgelehrte, die um ihre Deutung streiten. So kam es dazu, dass im Laufe der Zeit über alles Geistige immer mehr gestritten wurde.

Es ist daher verständlich, dass die moderne Wissenschaft die Welt des Geistes der Theologie überließ und sich auf die Erforschung der physischen Welt beschränkte. Der Siegeszug der Technik, des rechten Arms der Wissenschaft, scheint sich inzwischen schon fast in einen Taumel verwandelt zu haben. Mit den modernsten Werkzeugen der Informationstechnik hat die Biotechnologie die Bewunderung der von Gott geschaffenen Natur längst hinter sich gelassen: Ihr geht es nur noch um die Veränderung der Natur, um die Erzeugung des biologisch vollkommenen Menschen durch den Menschen. Was die Natur nie konnte – einen fehlerfreien, krankheitsimmunen Menschen zu schaffen –, das will der Mensch endlich selbst zustande bringen. Nicht nach dem Ebenbild der Gottheit soll fortan der Mensch entstehen, sondern nach dem Ebenbild oder nach der Willkür seiner Eltern.

Die Wissenschaft ist jetzt zugleich an dem Punkt angelangt, wo sie dazu gezwungen ist, ihr Forschungsfeld auch auf das Geistige zu erweitern. Denn das Lebendige ist die erste der Welten, die sich nicht im sinnlich Wahrnehmbaren erschöpfen. Die Biologie erforscht zwar das Lebendige, aber ohne die Frage zu erörtern, ob und inwieweit im Lebendigen ein rein Geistiges wirksam sein könnte. Der Streit um die Embryonenforschung zum Beispiel kreist um die schicksalsträchtige Frage: Ist ein achtzelliger Embryo lediglich ein Klumpen Materie oder ein Mensch mit vollem Anspruch auf Menschenwürde und -rechte? Man kann die Meinung derjenigen respektieren, die von Anfang an von einem Menschen sprechen. Nur: Äußerlich ist das nicht feststellbar, mit den Augen erkennt man beim besten Willen keinen Menschen.

Wenn die Humanisten im achtzelligen Embryo schon den vollen Menschen sehen wollen, dann als Geist, nicht als Materie. Damit verlangen sie aber, dass der Geist auf einmal als volle Wirklichkeit anerkannt und behandelt werde. Zum Teil behaupten diese Menschen aber auch, den Geist könne man nicht wissenschaftlich-objektiv nachweisen, daran könne man nur glauben; und dieser Glaube sei eine höchst private Angelegenheit. Wie kann man aber verlangen, dass der Geist plötzlich als gültige Wirklichkeit anerkannt wird, wenn man ihn jahrhundertelang ignoriert hat, wenn es nur noch mit Anstrengung gelingen konnte, an ihn zu glauben? Soll jetzt der Staat per Gesetz und unter Androhung von Strafe den Glauben an die Wirklichkeit des Geistes durchsetzen?

Nur eines kann hier helfen: Die Frage nach dem Geist muss zur zentralen Frage der Wissenschaft werden. Die moderne Wissenschaft wird nur glaubwürdig bleiben, wenn sie sich nicht weiterhin nur auf die Erforschung der Welt der Materie beschränkt. Sie muss anerkennen, dass sie auf diese Weise den Menschen als Geist ausklammert, das heißt den Menschen schlechthin. Denn der Mensch besteht nur äußerlich aus einem Körper, in seinem Kern ist er Seele und Geist. Die Gesetze des Körpers haben Allgemeingültigkeit, sie beziehen sich vor allem auf unsere Vergangenheit, auf die Natur in uns. Aber auch die persönliche, einmalige Biografie jedes Menschen hat ihre eigenen Gesetze, die Gesetze des Karmas oder des Schicksals, die nicht weniger mit objektiver Wissenschaftlichkeit untersucht werden können. Sie sind nur komplexer und schwieriger als die Naturgesetze, weil sie weit mehr als eine lineare Wiederholung des Gleichen aufweisen. Aber das Wesen des wissenschaftlichen Verfahrens besteht nicht in den Gesetzen des erforschten Gegenstandes, sondern in den Gesetzen der forschenden Tätigkeit, in der methodisch besonnenen Art und Weise, wie Wahrnehmung und Denken in Wechselwirkung miteinander gebracht werden.

Das Schicksal eines Menschen wissenschaftlich zu beobachten und zu bedenken ist die große Herausforderung für alle, die bisher ihre Beobachtung und ihr Denken an der sinnlich wahrnehmbaren Welt geschult haben. Natürlich sind seelische Phänomene von der Psychologie schon ausgiebig untersucht worden. Die Frage ist nur: Inwieweit hat die stillschweigende Annahme, dass nur das sinnlich Wahrnehmbare real ist, dass alles Seelische nur Wirkung oder Funktion von etwas Körperlichem sein kann, sogar in der Psychologie zu einer voreingenommenen Verneinung jeglicher Unabhängigkeit und Wesenhaftigkeit des Seelischen und des Geistigen geführt? Erst in der Pflege einer unvoreingenommenen Wissenschaft des Geistes wird sich der Mensch als Geist erleben können. Er wird den Geist nicht mehr bloß äußerlich beteuern, er wird nicht mehr mangels eigener Erfahrung bloß daran glauben müssen.

Nach welchen Gesetzen gestaltet sich das Schicksal in der Zeit? Auf welche Art und Weise wird der Körper zum Schicksal der Seele? Wie werden Leib und Seele zum gemeinsamen Schicksal des Geistes? Um diese Fragen geht es im nächsten Kapitel.

II Freiheit ist, was der Mensch aus seinem Schicksal macht

Die karmische Sichtweise des Lebens geht von der Annahme aus, dass alles Geschehen in der Welt auf einer geregelten Abfolge von Ursache und Wirkung beruht. Die Naturwissenschaft widmet sich der Untersuchung dieser Gesetzmäßigkeit in den Phänomenen der Welt der Natur. Eine Wissenschaft vom Schicksal hat die Aufgabe, diese Betrachtungsweise auch auf die Welt des Menschen anzuwenden.

Welche Unterschiede ergeben sich aus diesen beiden Sichtweisen, wenn man zum Beispiel ein Zugunglück erklären will, bei dem mehrere Menschen gestorben sind? Im Winter, an einem hohen Pass, hat eine Lawine den Zug unter sich begraben. Eine rein naturwissenschaftliche Betrachtung sieht in der Lawine die Ursache des Unglücks. Die karmische Sichtweise kann sich damit keineswegs zufrieden geben. Sie geht von der Annahme aus, dass eine Lawine nur eine Mitursache sein kann, weil sie allein den Tod eines Menschen nicht erklären kann.

Bei weiteren Nachforschungen stellt sich heraus: Einer der tödlich Verunglückten hatte der Bitte eines Freundes nachgegeben, noch eine Stunde mit ihm zu verbringen, und darum nicht den geplanten, sondern erst diesen Zug genommen. Ist nun der Freund eher als die Lawine die

Todesursache? Es stellt sich auch noch heraus, dass der Lokführer mit fünf Minuten Verspätung abgefahren ist. Wenn er pünktlich abgefahren wäre, hätte die Lawine den Zug nicht getroffen. Ist nicht der Lokführer die Ursache des Unglücks? Diese Andeutungen genügen, um zu zeigen, dass die Verknüpfung von Ursache und Wirkung in den Schicksalsereignissen unendlich komplizierter ist als in einer naturwissenschaftlichen Betrachtung, die den Menschen mit seinen Absichten und Entscheidungen unberücksichtigt lässt.

Verkettung von Ursache und Wirkung

Der Dalai Lama schildert in dem Buch «Die Regeln des Glücks», wie er einmal in den USA mit Ärzten und Psychologen einer medizinischen Hochschule zusammenkam. «Sie behaupteten, Gedanken und Empfindungen seien das Resultat verschiedener chemischer Reaktionen und Veränderungen im Gehirn. Also warf ich die Frage auf: ‚Kann man sich auch die umgekehrte Abfolge vorstellen, bei der die Gedanken die chemischen Vorgänge im Gehirn entstehen lassen?' Am interessantesten war für mich folgende beharrliche Antwort eines Wissenschaftlers: ‚Wir gehen von der Prämisse aus, dass alle Gedanken Ergebnisse oder Funktionen von chemischen Reaktionen innerhalb des Gehirns sind.' Es handelt sich mithin einfach um eine Art von Sturheit, um den Entschluss, die eigene Denkungsart nicht zu hinterfragen.»

Hier zeigt sich das Grunddogma des westlichen Materialismus: Das Materielle ist das Reale, die Ursache. Alles, was an seelischen und geistigen Phänomenen irgendwie feststellbar ist, ist seine Wirkung; es kann keine eigene, ursächliche Kraft entfalten.

Der Dalai Lama schlussfolgert: «Anscheinend gibt es in der modernen westlichen Gesellschaft eine machtvolle, auf der Wissenschaft fußende kulturelle Konditionierung. Aber in einigen Fällen können diese grundlegenden, von der westlichen Wissenschaft aufgestellten Prämissen und Rahmenbedingungen unsere Fähigkeit begrenzen, mit bestimmten Realitäten umzugehen.»

Im Buch spricht der Dalai Lama mit einem Psychiater, der für alle seelischen Phänomene eine Ursache finden will. Er sagt zu ihm: «Ich glaube, es ist extrem schwierig zu durchschauen, wie der Geist von fünf Milliarden Menschen funktioniert ... Allen Formen der westlichen Analyse liegt eine sehr starke rationale Tendenz zugrunde – die Annahme, dass es für alles eine Erklärung gebe.»

Stimmt das denn nicht? Muss es nicht für alles eine Erklärung geben? Das ist doch auch der Kerngedanke der östlichen Lehre vom Karma: Überall in der Welt ist Vernunft am Werk, und Vernunft bedeutet gesetzmäßige Verkettung von Ursache und Wirkung. Der Unterschied erschließt sich erst auf den zweiten Blick: «... dass es für alles *eine* Erklärung gebe.» In dem kleinen Wort «eine» liegt der Unterschied zwischen Religion und Wissenschaft. Die eine sieht alle ursächliche Wirklichkeit im Geistigen, die andere im Materiellen.

Bedeutsamer noch als dieser Unterschied ist das, was beide gemeinsam haben: die Neigung zur Vereinfachung. Überall, wo eine vielfältige Vernetzung von Ursachen und Wirkungen vorliegt, wird *eine* der Ursachen hervorgehoben und zur allein bestimmenden erklärt. Alle anderen Ursachen werden in den Hintergrund gedrängt oder übersehen. Die Theologie macht den «*einen* Gott» für alles zuständig, was nicht wissenschaftlich erklärt werden kann; die Naturwissenschaft sieht die Ursache von allem Weltgeschehen in den Naturkräften (Schwerkraft, Magnetismus usw.) und deutet alles nach dieser *einen* Art von Ursache.

Zwischen Gott und Natur lebt aber der Mensch. Und gerade der Mensch als vielschichtige Hauptursache für alles Geschehen in der menschlichen Welt – und eine andere Welt haben wir nicht – wird sowohl von der Wissenschaft als auch von der Religion weitgehend ausgeklammert.

Der Mensch ist das einzige Wesen in der sinnlich wahrnehmbaren Welt, das die Fähigkeit hat, durch sein Denken die Zukunft vorwegzunehmen und sich Ziele für sein Handeln zu setzen. Ein Mensch, der zum Beispiel beruflich noch ganz am Anfang steht, kann sich dazu entschließen, alles Nötige zu tun, um es möglichst weit zu bringen, womöglich in die höchsten Positionen. Dieses *letzte Ziel*, das zunächst nur in seinem Kopf vorhanden ist, wird zur *ersten* und äußerst wirksamen Ursache für eine verwickelte Reihe von kleineren und größeren Entscheidungen und Handlungen, die alle nur dadurch einen

Sinn oder eine Erklärung bekommen, dass sie zur Erlangung des angestrebten Ziels beitragen sollen.

Die Verkettung von Ursache und Wirkung im menschlichen Handeln – für das Schicksal eines Menschen das Allerwichtigste – bringt die drei Bereiche der Wirklichkeit, von denen im vorigen Kapitel die Rede war, in eine dynamische Wechselwirkung miteinander. Diese Zurückführung auf eine Dreiheit ist zwar selbst eine orientierende Vereinfachung einer unendlich komplexen Wirklichkeit, aber trotzdem eine sachgemäße, den Menschen nicht übersehende Orientierung. Die Haupteigenschaft des Geistes ist die schöpferische Freiheit, die des Körpers hingegen die Naturnotwendigkeit. Die Seele, das innere Erleben, pendelt hin und her und vermittelt zwischen Geist und Leib, zwischen der Freude an freien Schöpfungen und den strengen Forderungen der Sachzwänge.

Für die höchsten Ziele, die ein Mensch sich setzt und anstrebt, gibt es keine andere Ursache als ihn selbst, als seinen denkenden und wollenden Geist. Der eine will in seiner Firma Karriere machen, der andere verfolgt als höchstes Ziel, möglichst viel Geld zu verdienen. Ein Dritter will nur seine Ruhe haben und ordnet dem alles unter. Einem Vierten geht es vor allem darum, viele Freunde zu gewinnen. Dem Nächsten ist die Anerkennung seiner Vorgesetzten das Wichtigste; er wird ihnen gehorchen und ihre Anweisungen aufs genaueste ausführen. Wieder ein anderer hat als höchste Priorität die Kundenfreundlichkeit und sein Nachbar bezweckt vor allem die Entdeckung und Förderung aller Talente der Mitarbeiter.

Es ist ein Irrtum zu denken, nicht der Geist setze sich die Ziele des Lebens, sondern die Materie, die Natur im Menschen rufe sie hervor. Ziele sind Gedanken, und es hilft wenig, erst die Materie mit Denkfähigkeit auszustatten, um dann die unlösbare Frage stellen zu müssen: Wie kommt die Materie dazu, Gedanken zu produzieren, wie schafft sie es, sich Lebensziele zu setzen? Diese Frage ist völlig überflüssig, weil die Materie nicht im Geringsten das zu tun vermag, was für den Geist so einfach ist: zu denken.

Um die eigenen Ziele zu verwirklichen, um Ideale Wirklichkeit werden zu lassen, muss jeder Mensch Handlungen vollbringen, die in die bestehende Welt eingreifen. Schicksal wird immer im Spannungsfeld zwischen Idealität und Realität erlebt, zwischen dem Besten und dem Möglichen im Ringen um das Bestmögliche. Je reiner, je höher die Ziele sind, die ein Mensch verfolgt, desto mehr moralische Kraft hat er, keinerlei Kompromisse über seine Grundsätze einzugehen – denn in allem, was nur Mittel zum Zweck ist, ist er umso kompromissfähiger. Wer in hohen Idealen aufgeht, ist zu allem bereit, was zu ihrer Erlangung beitragen kann. Die höchsten Ziele des Lebens sind Sache der moralischen Intuition eines Menschen. Ihre Umsetzung bedarf einer Art moralischer Technik, um aufmerksam zu verfolgen, wie die Welt auf das eigene Handeln antwortet, was sie erlaubt und was nicht.

Es ist wie beim Schachspiel: Alle Einzelzüge sind auf den Sieg hin gerichtet und werden jeweils in Anpassung an die Züge des anderen getroffen. Ein Mensch kommt am besten mit der Welt zurecht, wenn er in den täglichen

Einzelzügen des Lebens beweglich und kompromissfähig ist und sich rasch den sich ständig verändernden Umständen anpassen kann. Und am anpassungsfähigsten ist, wer hohe Ideale mit einer kompromisslosen Beharrlichkeit verfolgt. Zu diesen Idealen gehört auch, dass der Zweck nicht alle Mittel heiligt.

Flexibilität in den kleinen Entscheidungen und Unbeugsamkeit in den Grundsätzen: Diese zwei Haltungen aufeinander abzustimmen, ist Sache der moralischen Phantasie eines Menschen, einer Grundkraft der Seele, die unentwegt zwischen Natur und Geist vermittelt. Die Phantasie soll dazu dienen, eine Reihe von Zwischenzielen als Meilensteine auf dem Weg zu den höchsten Idealen zu entwerfen. Verglichen mit dem höchsten Ziel, sind sie Mittel zum Zweck. Moralische Erfahrung sammelt der Mensch, indem er immer besser zu unterscheiden lernt, welche Zwischenziele unverzichtbar und welche auf dem Weg zu den höchsten Idealen entbehrlich sind.

Notwendigkeit und Freiheit – kein Widerspruch

Die Naturwissenschaft hat in der Erklärung der Weltphänomene die Allmacht Gottes durch die Allmacht der Natur ersetzt. Man sieht nicht mehr den göttlichen Geist im Naturgeschehen am Werk, sondern nur noch die nackte Materie, das Augenfällige, was die körperlichen Sinne wahrnehmen. Obwohl der Begriff der Materie ein geistiger Begriff ist, hat man sie in immer kleine Teile und Teilchen zergliedert, bis zur letzten Grenze der Teilbarkeit. Wo nichts mehr wahrgenommen wird, redet man von Energie oder Kraft, aber so, dass auch diese als Erzeugnis eines Materiellen gedacht werden.

Naturgesetze sind aber Gedanken, keine Sinneswahrnehmungen. Sie sind der Anfang dessen, was geistige Energie oder Kraft ist. Materie ist tote Energie, ist gefrorener Geist. Der lebendige Geist ist von Natur aus erfinderisch, er bringt selbst die materielle Welt hervor. In der Materie wiederholt sich dagegen immer dasselbe, wenn sich der unmittelbar tätige Geist von ihr zurückzieht. Aber in der westlichen Naturwissenschaft hält man das Nachdenken über Naturphänomene für eine leblose Spiegelung der Wirklichkeit, die ihr nichts Reales hinzufügt. Naturwissenschaftler sollen die Wirklichkeit registrieren, katalogisieren und systematisieren, dabei aber keine Wirklichkeit hervorbringen. Die Wirklichkeit richtet sich nicht nach den Wissenschaftlern, sondern diese müssen sich nach ihr richten.

Diese Ohnmacht des denkenden Menschengeistes gegenüber einer von ihm zum bloßen Bilde gemachten Natur gehört zum Karma des gegenwärtigen westlichen Menschen. Der Sinn dieses Schicksals ist nichts weniger als die innere Freiheit. Es steht jedem Menschen frei, sein zunächst bloß abbildendes Denken immer intensiver, immer tätiger und lebendiger zu gestalten. Indem er dies tut, erlebt er mehr und mehr den Geist in seinem Denken als Realität, nicht mehr als bloßes Spiegelbild. Ein Mensch kann sich nur zu dem entwickeln, was er noch nicht ist. Die Seele kann nur dadurch zum Geist werden, dass sie es noch nicht ist.

Als die Menschen im Westen die alte östliche Lehre vom Karma wieder entdeckten, hätte man erwarten können, dass sie diese Entdeckung als schicksalhafte Fügung bewerten würden, die den Ruf des schaffenden Geistes wieder vernehmbar macht. Die Entwicklung verlief aber zumeist anders. So wie die Naturwissenschaft die Allmacht Gottes gegen die Allmacht der Natur ausgetauscht hatte, so wurden nun für viele Karma-Gläubige diese beiden von der Allmacht des Karmas abgelöst. Der Machtspruch, der die Ohnmacht des Menschengeistes besiegelte, hatte zu lange, zu tief gewirkt. So teilen die Gottes-, die Natur- und die Karma-Gläubigen die stillschweigende Annahme, der Mensch sei reine Wirkung einer äußeren Instanz. Ob die ihn bestimmende Macht «Gott», «Natur» oder «Karma» genannt wird, ist im Grunde einerlei: Der Mensch bleibt in jedem Fall der Bestimmte und nicht der Bestimmende. Er ist reines Geschöpf, in keiner Hinsicht ein Schöpfer.

So ist auch die Tendenz entstanden, das Wirken des Schicksals mit dem gleichen Denkmuster zu deuten, mit dem die Allmacht Gottes oder die Allmacht der Natur aufgefasst wurde. Dieselben Eigenschaften, die früher der Gottheit und später der Natur zugeschrieben wurden, werden nun dem Karma zugeschrieben. So wird von vielen das Karma als Fatum, als unabänderliches Verhängnis, schlechthin aufgefasst, als reine Notwendigkeit, eine Gesetzmäßigkeit, der der Mensch in jeder Hinsicht unterworfen ist.

In der bisherigen Entwicklung der westlichen Kultur kann daher eine dreifache Verneinung der Freiheit festgestellt werden. Es liegt aber im allgemeinen Karma der Menschheit, in der Natur dessen, was die Religion «Sündenfall» nennt, dass eine derart vollständige Verleugnung der Freiheit ihrer freiheitlichen Wiedereroberung durch den Einzelnen vorangehen muss.

Geist, Seele und Körper – alle drei mussten zum Anlass werden, um die Trägheit des Menschen zu rechtfertigen. Die Ananke der Griechen, die Naturnotwendigkeit, die in allem Körperlichen waltet, ist von der Naturwissenschaft als das alles Bestimmende aufgefasst worden, als Allmacht der Natur, gegen die der Mensch nichts ausrichten kann. Die Tyche der Griechen, der waltende göttliche Geist, ist von der Theologie nicht weniger als Fatum angesehen worden, als Allmacht Gottes, der gegenüber der Mensch sich beugen muss. Die Moira der Griechen, das individuelle Karma, ist von vielen Menschen als durchgängige Vorherbestimmung aufgefasst worden, wenn nicht sogar als Strafe für alles Böse, was der Mensch in seiner Vergangenheit angerichtet hat.

Ohne Zweifel ergibt sich aus der Vergangenheit für jeden Menschen eine dreifache Notwendigkeit: erstens seine körperliche Natur, zweitens seine innere Prägung und drittens die Ereignisse, die ihm die Welt mit geistiger Notwendigkeit entgegenbringt. Der Sinn dieses dreifach Notwendigen ist jedoch immer das, was die individuelle

Freiheit daraus macht. Das Vergangene hört in dem Maße auf, bestimmende Ursache zu sein, in dem der Mensch es dazu benutzt, seine frei gewählten Ziele auf seine Art und Weise zu verfolgen. Die Wahlmöglichkeit seiner Freiheit besteht immer darin, dass er die karmische Lage, in der er sich befindet, entweder erleiden oder aber tätig mitgestalten kann.

Wohin ist wichtiger als woher

Schon die Griechen hatten erkannt: Wenn die Menschen frei sein sollen, müssen sie zwischen zwei verschiedenen Lebensweisen wählen können. Im antiken Griechenland sprach man noch nicht von Gut und Böse, sondern von einem Menschen, der nach hinten und einem, der nach vorne schaut. Die Griechen schufen so den Mythos von den zwei Brüdern, die sie Epimetheus und Prometheus nannten. Epimetheus bedeutet «der Nachdenkende». Er ist eine Art «Wiederkäuer», er sinnt nur über das Gegebene nach, was andere vor ihm geschaffen haben. Sein Bruder Prometheus ist dagegen der «Vordenker»: Er erfindet Neues, wie zum Beispiel das Feuer. Kein Wunder, dass er damit Zeus eifersüchtig macht und ihn befürchten lässt, er könne an Macht verlieren, wenn die Menschen immer eigensinniger und erfinderischer würden.

Auch die heutigen Menschen lassen sich in diese zwei Typen einteilen. Auf der einen Seite stehen diejenigen, für die die Vergangenheit mehr wiegt als die Zukunft, auf der anderen Seite diejenigen, für die die Zukunft wichtiger ist als alles Vergangene. Wenn man nicht auf Äußerlichkeiten, sondern auf das innere Selbsterleben achtet, kann jeder selbst herausfinden, auf welcher Seite er steht. Derselbe Mensch kann sich in der Jugend wie ein Prometheus, im Alter jedoch mehr und mehr wie ein Epimetheus verhalten. Die zwei griechischen Brüder sind zugleich die zwei Seelen, die in der Brust jedes Menschen beheimatet sind.

Das Schicksal eines Menschen wird entscheidend davon geprägt, ob für ihn mehr die Vergangenheit oder die Zukunft zählt. Beide Einstellungen können stärker oder weniger stark ausgeprägt sein. Wer mehr in der Zukunft lebt, wird es schwer haben, die Einschränkungen zu bejahen, die aus der Vergangenheit herrühren. Er wird versucht sein, das Erreichen seiner Ziele dadurch zu erzwingen, dass er dem Gewordenen Gewalt antut. Und wenn er daran scheitert, gerät er in Gefahr, ganz aussteigen zu wollen und sich in weltfremden Idealen zu verlieren. Der Konservative, der auf die Erhaltung der Vergangenheit erpicht ist, wird dagegen das geringste Neue gleich als verschwörerische Revolution einstufen. Er wird alles Innovative als Verrat, als Treuebruch, als Mangel an Ausdauer abstempeln. Ein solcher Mensch ist fortwährend der Versuchung ausgesetzt, innerlich zu erstarren und in Bitterkeit gegen Mensch und Welt sein Leben zu fristen.

Jeder Mensch muss um das ihm angemessene und förderliche Gleichgewicht zwischen Vergangenheit und Zukunft ringen. Für die Ausübung seiner Freiheit muss jeder einer zweifachen Versuchung ausgesetzt werden: einerseits *der Versuchung des Versäumens*, wenn man die Vergangenheit für alles verantwortlich macht, was man meint, nicht ändern zu können (in Wirklichkeit will man seine Kräfte nicht stark genug dafür einsetzen); und andrerseits die *Versuchung der Gewalt*, wodurch man der Welt aufdrängen will, was nicht dem Allgemeinwohl dient (und was deshalb auch für den Einzelnen schicksalswidrig ist).

Vergangenheit und Zukunft spielen im Schicksal auf die unterschiedlichste Art und Weise miteinander. Dieses Spiel ist dem Gegensatz zwischen einer Natur- und einer Zivilisationskatastrophe vergleichbar. Menschen, die durch ein Erdbeben oder durch eine Überschwemmung sterben, sind meist durch eine gemeinsame Vergangenheit miteinander verbunden. Sie sind auf demselben Stück Erde geboren, sie haben dort mehr oder weniger lange zusammen gelebt. Ein gemeinsam durchlebtes Schicksal ist ihrem gemeinsamen Tod vorangegangen. Umgekehrt ist es bei einer Katastrophe, die nicht von der Natur, sondern von der menschlichen Kultur herbeigeführt wird. Bei einem Zugunglück, einem Flugzeugabsturz oder beim weltweiten Sterben von Menschen, die dasselbe giftige Medikament eingenommen haben, handelt es sich nicht um Menschen, die eine gemeinsam durchlebte Vergangenheit hinter sich haben. Der gemeinsame Tod vereinigt sie zum ersten Mal.

Es stellt sich die Frage: Liegt der Sinn solcher Kulturkatastrophen vielleicht in der Zukunft? Gibt es vielleicht ein höheres Bewusstsein im Menschen, das eine solche Zukunft vorwegnehmen und auf sie zusteuern kann, wie das normale Bewusstsein sich zukünftige Ziele vergegenwärtigt und auf sie zusteuert?

In der Freiheit ist niemals die Sünde der Begehung die verhängnisvollere, sondern die Sünde des Versäumens. Das Vergangene, das schon Gewordene, ist schon geschehen, es lässt sich nicht rückgängig machen. Auch Dinge, die ich falsch gemacht habe, können nicht wieder von vorn angefangen werden. Ich kann etwas Besseres, Ausgleichendes hinzutun, aber niemals kann ich etwas Getanes nochmals oder anders tun. Der karmische Sinn meiner Vergangenheit ist das, was ich für mich und für die anderen daraus mache, was ich im Hinblick auf eine bessere Zukunft daraus lerne.

Im griechischen Mythos wird erzählt, dass Epimetheus Pandora heiratet, die «Allbegabte». Sie bringt alle möglichen Gaben als Mitgift in die Ehe. Prometheus warnt seinen Bruder: «Die Gaben der Götter sind trügerisch. Wir machen uns lauter Illusionen darüber. Wenn der Mensch nur von dem lebt, was ihm geschenkt wird, kann er unmöglich glücklich sein. Die Götter haben uns geschaffen, damit wir neben ihnen tätig und schöpferisch wirken. Ihre Gaben haben den Sinn, schöpferische Fähigkeiten in uns hervorzurufen. Wenn wir das versäumen, zwingen wir die Götter, ihre Gaben in Plagen zu verwandeln, weil wir wenigstens den Plagen gegenüber nicht völlig gleichgültig und nicht vollständig träge bleiben können. Wir werden dadurch gezwungen, etwas zu tun.» Aber so eindringlich Prometheus auch auf seinen Bruder einredet, so wenig hilft es. Epimetheus lässt Pandora ihre Zauberbüchse öffnen – und siehe da: Alle erdenklichen Plagen kommen heraus und stürmen auf die Menschen los. Nur die letzte ihrer «Gaben» bleibt beim schnellen Zuschlagen des Deckels noch drinnen: die Hoffnung.

Es besteht immer die Hoffnung, dass der Mensch, wenn nicht durch Einsicht, so wenigstens durch bittere Erfahrung klüger wird und sich auf die Seite des Prometheus schlägt. Er wird dann die göttlichen Geschenke – alles was schon geworden ist – nicht mehr als Ausrede für seine Forderung nehmen, alles serviert zu bekommen und selbst nichts unternehmen zu müssen. Nein, er wird gerade umgekehrt jede Gnade Gottes als Aufforderung zum eigenen Schaffen in der Freiheit und in der Liebe zum Handeln auffassen können.

Schicksal oder Karma?

Viele Menschen im Westen nehmen Anstoß an dem Sanskritwort «Karma». Sie fragen sich, ob man nicht ebenso gut das deutsche Wort «Schicksal» verwenden könnte.

Wenn das Wort «Schicksal» für alles stehen würde, was mit «Karma» gemeint ist, wäre kein Grund vorhanden, ein anderes Wort dafür zu gebrauchen. Das Wort Schicksal bezieht sich aber ausschließlich auf das, was dem Menschen von außen zustößt, was er nicht mit seinem Bewusstsein überschauen und freiheitlich gestalten kann. Was in seiner Freiheit liegt, nennt er nicht Schicksal, und was er Schicksal nennt, darüber kann der Mensch nicht frei verfügen. Die Definition in einer älteren Duden-Ausgabe spiegelt diese Einschätzung: «Von einer höheren Macht über jemanden Verhängtes, ohne sichtliches menschliches Zutun sich Ereignendes, was jemandes Leben entscheidend bestimmt.»

Das Sanskritwort «Karma» bedeutet in gewisser Hinsicht sogar das Gegenteil von Schicksal. Karma heißt: Alles, was einem Menschen geschieht, hat in ihm selbst seine tiefere Ursache. Es gibt keine Instanz außerhalb des Menschen, die etwas Willkürliches oder ihm Fremdes über ihn verhängt. Wie ein Magnet die Eisenspäne, so zieht jeder Mensch alle Begegnungen, alle Ereignisse des Lebens heran, die zu ihm gehören. Und sie gehören zu ihm aufgrund dessen, was er selbst aus sich gemacht hat und was er noch werden will. Er steuert sozusagen überbewusst auf die Ereignisse seines Lebens zu, weil er durch sie weiterkommen möchte. Erfahrungen, die er bis jetzt noch nicht sammeln konnte, Dinge, die er in der Vergangenheit falsch gemacht hat und wieder gutmachen möchte, all das sucht er selber auf.

Nicht Fremdbestimmung, sondern Selbstbestimmung ist mit dem Wort «Karma» gemeint. Durch die Kräfte, die in mir selbst wirksam sind, ziehe ich Ereignisse und Begegnungen an mich heran. In mir selber liegt die Kraft, die mich zu ihnen hinführt. Der Grund, warum ich einen Menschen treffe, ist nie der gleiche Grund, weshalb er mich trifft. Er verspricht sich von unserer Begegnung etwas ganz anderes als ich, und er wird sie auch ganz anders erleben.

Der Begriff «Karma» ist von einer alten Kultur geprägt worden, die vom neuzeitlichen Materialismus noch nichts wusste. Er setzt ein Bewusstsein voraus, das umfassender ist als das uns heute bekannte. Aber damit ist nicht nur ein allgemeines Bewusstsein gemeint, denn das Karma jedes Einzelnen ist einmalig. Jeder Mensch wird in der Lehre vom Karma als ein individuelles geistiges Wesen aufgefasst, das schon eine lange Entwicklung hinter sich hat. Durch sein Handeln ist er das geworden, was er heute ist. Sein persönliches Karma ist der Niederschlag seiner in der Vergangenheit geleisteten Arbeit an sich selbst. Die Ereignisse seines Lebens werden von seinem höheren Karma-Bewusstsein freiwillig aufgesucht, um sein Schicksalskonto weiter zu gestalten.

Auf dieses höhere Bewusstsein im Menschen haben die Griechen mit der Moira hinweisen wollen: Es ist das individualisierte Schicksal, das den einen Menschen vom anderen unterscheidet. Im Christentum wird dies durch die Unterscheidung zwischen Gottvater und seinem Sohn ausgedrückt. Der Sohn, Christus, wirkt nicht außerhalb des Menschen, für alle Menschen auf gleiche Weise. Die biblische Formulierung «Christus *in* mir» deutet auf eine verinnerlichte, individualisierte Gnade Gottes hin, auf Entwicklungschancen, die auf den Einzelnen zugeschnitten werden und nur für ihn gültig sind.

Dieser Kerngedanke des Christentums deckt sich eher mit dem östlichen Begriff «Karma» als mit «Schicksal». Was ein Mensch schon geworden ist und welche weiteren Entwicklungsmöglichkeiten ihm angeboten werden, wird im Karma ganz individuell abgestimmt. Die Gnade Gottes, des Vaters, ist für alle gleich; die Gnade des Sohnes – des Christus in mir – ist das persönliche Karma als Spannungsfeld zwischen Vergangenheit und Zukunft des Einzelnen.

Wenn in jedem Menschen ein höheres, individualisiertes Karmabewusstsein vorhanden ist, dann ist die Wissenschaft vom Karma der Erkenntnisweg, durch den sich das naturgegebene Bewusstsein weiterentwickelt, um sich immer inniger mit seinem höheren, überbewussten Ich zu vereinigen. Der Aufruf zu dieser Einigung sind die individuellen Schicksalsereignisse selbst: Sie fordern das gewöhnliche Bewusstsein des Menschen heraus, dort nach einem Gesetz zu suchen, wo er zunächst nur Zufall vermutet, und Weisheit in dem zu erkennen, was ihm bislang als reine Willkür erschien.

Die Seele ist die Vergangenheit des Geistes: die schon gedachten Gedanken, das schon Durchlebte, die kristallisierte Erfahrung. Der Geist überschaut in seinem Bewusstsein diese Seele – seine eigene Vergangenheit – und erkennt, was für ihre Weiterentwicklung nötig ist. Er wählt freiwillig die Schicksalserlebnisse, plant sie und führt sie herbei. Es sind immer Erlebnisse, die das Bewusstsein der Seele – dem zunächst wie Epimetheus nur die Wahrnehmung des Vergangenen zur Verfügung steht – erweitern und vertiefen können, um sich dadurch mit dem prometheischen Geist immer tiefer zu vereinigen.

Der Mensch erweitert sein Bewusstsein dadurch, dass er in den Schicksalsschlägen die Absichten seines Geistes erkennt, also seine eigene hoffnungsvolle Zukunft. Das Karma eines Menschen sind die Entwicklungsziele, die sein Geist aufgrund der Bedürfnisse seiner Seele ins Auge fasst und für deren Verwirklichung er sich aller Werkzeuge bedient, die ihm die Welt zur Verfügung stellt.

Der Zufall und die Freiheit der anderen

Die drei Ebenen des Schicksals wirken wechselseitig aufeinander. Die erste Schicht ist alles, was aus der Vergangenheit heraus *bedingt* ist; die zweite alles, was im Hinblick auf die Zukunft von den Absichten der Menschen *bestimmt* wird; die dritte alles, was weder bedingt noch bestimmt, sondern rein *zufällig* geschieht. Diese Schicht hat weder unmittelbar mit der Vergangenheit noch mit der Zukunft zu tun, weil sie in der Gegenwart ihren ersten Anfang nimmt.

Jeder Mensch hat ununterbrochen mit der Freiheit aller anderen Menschen zu tun. Deshalb muss er immer mit Überraschungen rechnen, mit lauter scheinbaren Zufällen, denen er mit Geistesgegenwart begegnen muss. Die Freiheit der anderen, nicht weniger als die eigene, ist der Quell, woraus alles Neue im Leben entspringt. Wenn ich mich zum Beispiel mit einem Freund verabredet habe und dieser unerwartet noch einen weiteren Bekannten mitbringt, dann hat meine erstmalige Begegnung mit Letzterem ihre Ursache in einer freien Entscheidung meines Freundes.

Wenn ich zum ersten Mal jemanden treffe, steht mir im Umgang mit ihm noch alles frei, nichts ist auf der Ebene des Alltagsbewusstseins aus der Vergangenheit heraus schicksalsmäßig bedingt. Mein Verhalten ihm gegenüber wird in genau dem Sinne zufällig sein, wie ich mich nur an der Gegenwart orientiere. Aus der Wahrnehmung dessen, was mein neuer Bekannter mir entgegenbringt, wie sein Verhalten auf mich einwirkt und wie er auf mich reagiert, ergibt sich als etwas ganz Neues auch mein Verhalten ihm gegenüber.

Ein Mensch, der die östliche Weisheitsreligion kennt, wird hier vielleicht einwenden: «Im Karma des Menschen ist doch nichts zufällig, denn zufällig heißt willkürlich, ohne Grund. Es gibt keine schlechthin erste Begegnung. Das ungeschulte Bewusstsein kann nicht sehen, ob diese zwei Menschen in einer fernen Vergangenheit schon miteinander zu tun hatten. Es kann auch nicht überschauen, was das Überbewusstsein im Menschen durch diese äußerlich erste Begegnung beabsichtigt. Daher denkt dieser Mensch, es sei ein Zufall. Das höhere Bewusstsein, das Karma-Bewusstsein, hat aber diese Begegnung bewusst geplant. Sie ergibt sich mit Notwendigkeit aus der Vergangenheit der beiden Menschen.»

Der Einwand, dass das Schicksal unter der Regie eines höheren Bewusstseins wirkt, ist natürlich berechtigt. Aber hier geht es erst einmal um die wichtige Feststellung: Das *gewöhnliche* Bewusstsein – und ein anderes hat der Mensch zunächst nicht – erlebt alles als «zufällig», was nicht als von der Vergangenheit bedingt gesehen werden kann, was ihm als ganz neuer Anfang erscheint.

Angenommen, die Begegnung mit dem Bekannten des Freundes wäre freiwillig von einem höheren Bewusstsein als Fortführung einer schon bestehenden Beziehung herbeigeführt worden. In diesem Fall kann es von Vorteil sein, dass der Mensch in seinem Alltagsbewusstsein nichts von dieser höheren Notwendigkeit weiß, denn nur so kann er sich in der Begegnung ganz frei fühlen. Nur dank dieser Eingrenzung des Bewusstseins ist die Erfahrung der Freiheit möglich.

Um die Beziehung zwischen Notwendigkeit und Freiheit besser zu verstehen, ist die Beachtung der zeitlichen Entwicklung von entscheidender Bedeutung. Vergangenheit und Zukunft stehen in einem Gegensatz zueinander, der bei ihrer Begegnung in der Gegenwart höchste Spannung erzeugen kann. Alles Vergangene ist notwendig so, wie es ist. Um es zu erfassen, braucht man objektive Erkenntnisurteile, die durch Beobachtung und Denken erfolgen. Alles Zukünftige steht noch frei: Keiner weiß genau, welche Ziele ein Mensch verfolgt, welche Maßnahmen er für das Erreichen dieser Ziele noch ergreifen wird. Auch wenn man seine eigenen Ziele gut kennt, bleibt die Zukunft trotzdem ungewiss, weil man sich vorbehält, je nach Verhalten aller anderen Beteiligten Änderungen vorzunehmen. Die Zukunft ist daher in vieler Hinsicht offen, denn die nur begrenzt vorhersehbaren freien Entscheidungen aller Menschen nehmen an ihrer Gestaltung teil.

Die Gegenwart wird immer im Spannungsfeld zwischen Notwendigkeit (aus der Vergangenheit her) und Freiheit (auf die Zukunft hin) erlebt. Das Karma ist das Entwicklungsgesetz des Ausgleichs zwischen Vergangenheit und Zukunft. Der Mensch lebt immer in der Gegenwart, er befindet sich gleichsam in der Mitte zwischen einer langen Vergangenheit und einer noch lange nicht abgeschlossenen Zukunft. Dies gilt nicht für zeitlich begrenzte Einzelhandlungen: Sie nehmen einen Anfang, überschreiten die Mitte und kommen zu einem Abschluss. Bei jedem Vorgang mit Anfang und Ende ist die Freiheit am Anfang uneingeschränkt, in der Mitte eingeschränkt und am Ende wird sie ganz von der Notwendigkeit ersetzt.

Wenn jemand zum Beispiel beschließt, ein neues Haus zu bauen, steht ihm zu Beginn alles frei. Er hat noch nicht einmal entschieden, wo das Haus gebaut werden soll, wie groß es sein wird oder wie viel es kosten darf. Alle Faktoren, die beim Bauen des Hauses eine Rolle spielen, sind noch unbestimmt, noch zufällig, weil noch keine Entscheidungen gefallen sind.

Dann kommt der Zeitpunkt, wo das Haus halb fertig ist. Viele Entscheidungen sind nun nicht mehr rückgängig zu machen, der Bauherr hat sich schon in vielerlei Hinsicht festgelegt, denn wenn alles ewig offen bleiben sollte, würde er niemals etwas zustande bringen. In der Mitte der Ausführung eines Projekts sind also viele Faktoren, sagen wir die Hälfte, bereits bestimmt und damit «notwendig» geworden. Sie gehören jetzt zum Karma des

Menschen, der das Haus baut. Aber immer noch gibt es genug Entscheidungen, die ihm freistehen. Vielleicht, wie groß die Küche sein soll oder welche Art Glas er für die Fenster kauft. Diese offenen Faktoren in der Mitte des Bauvorgangs sind in dem Sinne noch zufällig, dass es dem Bauherren noch zufällt, sie so zu gestalten, wie es ihm gefällt.

Jetzt ist das Haus fertig. Alles ist frei entschieden worden, ist für den Erbauer des Hauses zum Karma geworden. Wenn ihm die Küche jetzt plötzlich zu klein ist, kann er sie nicht mehr doppelt so groß haben, es sei denn, er baut weiter, aber dann wäre der Bauvorgang noch nicht abgeschlossen. Hat er jetzt also keine Freiheit mehr? Doch! Er hat immer noch volle Freiheit darin, was er mit dem fertigen Haus machen will; es steht ihm frei, wie er in seinem Haus leben möchte. Das Notwendige bezieht sich lediglich auf das Bauen des Hauses – alle diesbezüglichen Entscheidungen sind tatsächlich schon gefallen. Aber zu dem Zeitpunkt, an dem sie jeweils gefallen sind, waren sie frei.

Dasselbe gilt für eine menschliche Beziehung; nur ist hier der Prozess vielschichtiger und vieles ist nicht auf die gleiche Weise sinnlich wahrnehmbar wie beim Bauen eines Hauses. Am Anfang einer Beziehung zwischen zwei Menschen steht für das Alltagsbewusstsein noch alles frei. In der Mitte ist schon vieles entschieden und geprägt worden, was die zwei Beteiligten nicht mehr rückgängig machen können. Aber trotzdem steht ihnen auch noch vieles frei, in vielem können sie sich noch frei entscheiden.

Wenn sie ihrer Beziehung ein Ende setzen würden, könnten sie nichts mehr daran ändern. Selbst ein Neuanfang wäre nicht ein Ändern der alten Beziehung, sondern der Anfang einer neuen.

Jeder Anfang ist durch die Tatsache gekennzeichnet, dass alle Entscheidungen noch freistehen – das ist die eigentliche Bedeutung des Wortes «Anfang». In der Mitte stehen die Möglichkeiten sozusagen halbe-halbe. Und am Ende sind alle Faktoren, die den Vorgang selbst betreffen, nicht mehr zu ändern. Die hohe, komplizierte, aber auch spannende Kunst der Schicksalsgestaltung besteht darin, dass man das Notwendige vom Freien unterscheiden lernt und erkennt, was aufgrund von vergangenen Entscheidungen nicht mehr geändert werden kann und was einem noch freisteht. Voraussetzung für eine menschenfreundliche Schicksalsgestaltung ist eine möglichst fundierte Wissenschaft vom Schicksal. Diese gründet in der Fähigkeit des Denkens, zu erkennen, wo ein Vorgang seinen ersten Anfang, seine ersten Ursachen hat, wo seine Mitte liegt und wann er abgeschlossen ist, weil er keine freien Eingriffe mehr zulässt.

Wenn man selber ein Haus baut oder eine Zweierbeziehung eingeht, hat man am Anfang volle Freiheit. Ganz anders sieht die Sache aus, wenn man in einen Vorgang einsteigt, den andere bereits begonnen haben. Der Einstieg ist dann für einen selbst zwar ein Anfang, aber die Bewegungsfreiheit darin ist begrenzt.

Der Verlauf des Schicksals der Menschheit weist drei aufeinander folgende Arten von Zusammenhängen auf, in denen die einzelnen Menschen eingebettet waren. In weiter zurückliegenden Zeiten waren es Gemeinschaften religiöser oder kultureller Natur. Später wurde mehr und mehr das Rechtliche, das Staatspolitische, gemeinschaftsbildend und in letzter Zeit sind es immer mehr bestimmte Zweige der Wirtschaft, die die Einzelnen für sich in Anspruch nehmen.

Für das Schicksal eines jungen Menschen ist es daher heutzutage entscheidend, in welchen Wirtschaftszweig er bei der Berufsfindung einsteigt. Die Chancen, im Berufsleben freie Beweglichkeit zu erleben, steigen oder sinken je nach Größe des Unternehmens. Je größer, je globaler eine Firma ist, desto mächtiger ist sie auch und das heißt: Der Einzelne wird immer mehr Sachzwänge spüren, immer stärkere Fremd- oder Fernsteuerung. Gerade weil es immer schwieriger wird, sich im Wirtschaftsleben als Einzelmensch zu behaupten, ist es wichtig, sich bewusst zu machen, wo und wann man volle Freiheit hat: nämlich in der Entscheidung, einzusteigen oder nicht einzusteigen. Dieser Entscheidungsprozess verlangt große Wachsamkeit, wenn der Mensch eine freie Gestaltung des Schicksals anstrebt.

Vier Arten der Verursachung bei Aristoteles

In der Beschränkung auf die Betrachtung der materiellen Welt hat die Naturwissenschaft die Komplexität in der Verkettung von Ursache und Wirkung oft übersehen. Sie betrachtet als objektiv erkennbar nur eine Verbindung zwischen Ursache und Wirkung, in der sowohl die Ursache als auch die Wirkung sinnlich wahrnehmbar festzustellen sind. Dies soll nur möglich sein, wenn Ursache und Wirkung gleichzeitig oder unmittelbar nacheinander dadurch erfolgen, dass eine Berührung zustande kommt. Als Muster der Verursachung wird der mechanische Prozess angesehen, wo Bewegung durch Anstoß erfolgt – wie bei einer Billardkugel, die eine andere anstößt. In diesem Fall sind Ursache und Wirkung gleichzeitig, und beide sind sinnlich wahrnehmbar.

Dieses Muster der mechanischen Verursachung wird sogar von der Geschichtswissenschaft übernommen, wenn man zum Beispiel die Ereignisse zu Beginn des zwanzigsten Jahrhunderts als Wirkung dessen ansieht, was am Ende des neunzehnten Jahrhunderts geschah. Eine solche Sichtweise ist genauso sinnvoll, als wenn man sagen würde: «Heute morgen habe ich gleich nach dem Schlafen jemanden angerufen, deshalb ist der Schlaf die Ursache meines Anrufs.»

Wenn ein deutlicher zeitlicher Abstand zwischen Ursache und Wirkung vorliegt, meint die Wissenschaft nicht mehr feststellen zu können, was genau Ursache welcher Wirkung und was Wirkung welcher Ursache ist. So wie die *actio in distans*, das Wirken aus der Ferne, in Abrede gestellt wurde (und man sich geeinigt hat, dass im Raume keine Verursachung auf Distanz geschehen kann), so auch bezüglich der Zeit: Man ist davon abgekommen, eine Verursachung in zeitlicher Entfernung wissenschaftlich ernst zu nehmen und hat sich auf solche Phänomene beschränkt, die als Wirkung von Ursachen erklärt werden können, die räumlich unmittelbar angrenzen und zeitlich unmittelbar vorausgehen.

Erst die Psychologie hat zu einer etwas komplexeren Erklärung der Verkettung von Ursache und Wirkung im menschlichen Geschehen zurückgefunden. Bei der Betrachtung der seelischen Phänomene stellte sich heraus, dass es nicht möglich war, sie nach dem Muster der unmittelbaren Verkettung von Ursache und Wirkung in Raum und Zeit zu erklären. Als entscheidende Ursache für psychische Vorgänge, die sich zum Beispiel im vierzigsten oder fünfzigsten Lebensjahr zeigten, wurden auch die frühesten Lebensjahre in Betracht gezogen.

Für eine wissenschaftliche Erkenntnis der Verkettung von Ursache und Wirkung im Schicksal des Menschen ist eine Neubesinnung auf die philosophischen Fundamente unserer Kultur unerlässlich. Besondere Bedeutung haben dabei die vier Arten von Ursachen, die Aristoteles definierte. Für ihn war es eine Selbstverständlichkeit, dass bei jedem Geschehen folgende vier Arten von Ursachen am Werk sind:

1. Die *Materie-Ursache*. Damit ist bei Aristoteles all das gemeint, was sinnlich wahrnehmbar mitverantwortlich dafür ist, dass in der sinnlich wahrnehmbaren Welt etwas geschieht. Ein Mensch verfertigt zum Beispiel eine Marmorstatue. Die Materie-Ursache ist in diesem Fall der Marmor, also das Material. Er ist in dem Sinne eine Ursache, weil er mitverantwortlich dafür ist, dass die Marmorstatue überhaupt zustande kommen kann.

2. Die *Form-Ursache*. Sie ist die erste nicht mehr sinnlich wahrnehmbare Ursache und kommt dadurch zustande, dass im Denken, in der Phantasie des Künstlers eine Idee entsteht, welche Form die Statue bekommen soll. Daher wird diese zweite Ursache Form-Ursache genannt. Auch die «Ideen» Platons waren im Grunde genommen die in den göttlich schöpferischen Wesen lebenden Gedanken – sie waren die Formursachen der Dinge, nach denen die Welt geschaffen worden ist.

3. Die *Ziel- oder Zweck-Ursache*. Diese dritte Art von Ursache ist unerlässlich, wenn es um menschliches Handeln geht. Wenn ein denkendes und wollendes Wesen handelt und dadurch Schicksal erzeugt, ist ein Wissen um das vorhanden, was es in der Zukunft erreichen möchte. Nehmen wir an, das Ziel der Verfertigung des Standbildes ist, Geld zu verdienen. Oder den Künstler lockt die Ehre. Oder er hat sich zum Ziel gesetzt, einen Tempel zu schmücken, in dem eine Zeus- oder Apollo-Statue gebraucht wird. Wo der Mensch am Werk ist, sind immer Gedanken wirksam – nicht nur Formgedanken, sondern auch Zielgedanken, die das ausdrücken, was der Mensch anstrebt. Für die Schicksalsgestaltung ist diese dritte Art der Verursachung noch wichtiger als die zwei anderen.

4. Die *Wirk-Ursache*. Sie wird so genannt, weil sie diejenige ist, die das Ganze bewirkt, überhaupt erst in Gang setzt. Die Wirk-Ursache ist in diesem Fall der Künstler selbst. Nicht einfach der Mensch, sondern der Mensch als Künstler, denn der Mensch, der nicht Künstler ist, würde keine künstlerisch gestaltete Statue zustande bringen kön-

nen. Die Wirk-Ursache für alles, was karmisch geschieht, sind die der Welt ihre Formgedanken aufprägenden, in ihrem Willen eigene Ziele verfolgenden Menschen.

Die Grundeigenschaft der Materie-Ursache ist die schon geprägte Form; die der Form-Ursache ist die Kraft, die gegebene Form umzuformen, umzubilden. Ein Marmorblock hat eine gewisse ungeschliffene Form. Die Idee der zu bildenden Form – eine Statue des Apollo daraus zu machen – ist im Künstler eine wirksame Kraft, welche die Marmormaterie umzubilden vermag. Diese zweite Ursache also ist die Kraft, wodurch der Mensch die Materie der Welt umgestaltet. Und die dritte Ursache ist das Ziel, um dessentwillen jemand handelt, was jemand damit bezweckt.

Der Mensch als Wirk-Ursache setzt im Grunde genommen die ersten drei Ursachen voraus – und deswegen könnte man sie auch als Voraussetzungen für sein freies Handeln ansehen. Sie sind also nicht im entscheidenden Sinne Ursachen, sie sind eher Werkzeuge oder Mitursachen. Die entscheidende Ursache, die das Ganze erst in Gang setzt, ist in diesem Fall der Willensentschluss des Künstlers, eine Marmorstatue zustande zu bringen.

Das Karma kennt keine Strafe

Es gibt eine berühmte Stelle im Johannes-Evangelium, die eine wechselvolle Geschichte erlebt hat. In den ersten Jahrhunderten des Christentums wurde sie in vielen Handschriften aus dem Text herausgenommen, vermutlich wegen ihrer Gefährlichkeit. Es ist die Stelle mit der Ehebrecherin, wo geschildert wird, dass die damaligen Gesetzeshüter schon im Begriff sind, die Frau zu Tode zu steinigen. Vorher wollen sie aber dem unkonventionellen Rabbi aus Nazareth noch eine Falle stellen. «Was meinst du», fragen sie ihn, «sollen wir sie steinigen oder nicht?» Sie denken, wenn er ja sagt, widerspricht er allem, was er bisher über Nächstenliebe gefaselt hat. Sagt er nein, so widerspricht er dem mosaischen Gesetz und ruft zum Ungehorsam auf. Nach einigem Hin und Her gibt ihnen der Rabbi aus Nazareth zur Antwort: «Wer von euch ohne Sünde ist, wer nie gegen das Gesetz verstoßen hat, der werfe ruhig als Erster den Stein auf sie.»

Man kann sich die Reaktion vorstellen. Jeder muss gedacht haben: «Wenn ich den Stein werfe, bekomme ich Ärger. Es sind jede Menge Leute hier, die mich gut kennen und die mich umbringen werden, wenn ich so tue, als ob ich niemals etwas Schlechtes getan hätte.» Also lässt einer nach dem anderen seine Steine auf die Erde fallen und geht weg. Jesus von Nazareth sagt daraufhin zu der Frau: «Siehst du, keiner hat sich getraut, einen Stein zu werfen. Und ich wäre der Letzte, der dich beurteilt oder sogar verurteilt. Hauptsache, du lernst aus deinen Fehlern und machst immer das Beste daraus.»

Diese Szene aus dem Evangelium macht eines deutlich: Im christlichen Geist gibt es keinen Platz für Strafe. Es wird darauf hingewiesen, dass kein Mensch sich zum Richter über den anderen aufschwingen darf. Der Ausgleich von Taten, wodurch der Mensch sich und andere fördert oder schädigt, soll dem Schicksal überlassen werden, einer weisheitsvolleren Instanz als dem kurzsichtigen naturgegebenen Bewusstsein. Die menschliche Justiz soll nur eingreifen, um die Freiheit eines Menschen zu schützen, wenn ein anderer sie direkt verletzt. Das ist aber bei der Ehebrecherin keineswegs der Fall.

Das Schicksal führt den Menschen auf ähnliche Weise wie die Eltern das kleine Kind. In allem, was sie tun, bezwecken sie das Gute für das Kind, sie wollen immer nur sein weiteres Gedeihen. Wenn das Kind etwas tut, was ihm oder anderen schadet, werden die Eltern ihm helfen zu verstehen, dass ihm das nicht gut bekommen wird. Oft ist das beste Mittel dazu – weil ein kleines Kind noch nicht rational denken kann –, es die Nachteile seines Tuns direkt spüren zu lassen. Mit Strafe hat das nicht das Geringste zu tun. Strafe bedeutet für die meisten Erwachsenen, dass jemandem, der etwas Schlechtes getan hat, noch ein weiteres Schlechtes zugefügt wird. Nur so, meinen sie, wird er zukünftig die Finger davon lassen – als ob er nicht von selbst früher oder später mit den Folgen seiner Taten konfrontiert würde. Das Christentum ist von diesem römisch-juristischen Denken stark beeinflusst worden: Vom Jüngsten Gericht zur Höllenstrafe, von der Rechtfertigungslehre zum Sühnetod des Christus wurde alles zu einer rechnerischen Strafjuristerei umgemünzt.

Hat es einen Sinn, wenn ein Kind sich aus Unerfahrenheit in den Finger schneidet, ihm noch eine schallende Ohrfeige zu versetzen? Jeder Lernprozess bringt schon genügend Leiden mit sich. Weise Eltern wissen aus eigener Erfahrung, dass die schönsten Errungenschaften des Lebens diejenigen sind, die ihnen Anstrengung, Beharrungsvermögen, ja Leidensfähigkeit abverlangt haben. Aber dieses Leiden kann unmöglich als Strafe verstanden werden. Weit davon entfernt, als Buße für eine böse Tat in der Vergangenheit zu gelten, wird es im Hinblick auf ein Gutes in der Zukunft freiwillig in Anspruch genommen.

Auch wenn ein Mensch etwas Gutes versäumt hat (was nachgeholt werden muss) oder etwas Schlechtes getan hat (was ausgeglichen werden muss), handelt es sich in der Schicksalsfügung nie um Strafe. Das Schicksal ist der beste, liebevollste Freund des Menschen. Die Führung des Schicksals will immer nur das Gute, genau genommen das Beste für jeden Menschen. Leben wir nicht in einer Welt der restlosen gegenseitigen Förderung? Wenn ein Blumensamen in den Boden gelegt wird, ist nicht alles in der Natur – die Erde, das Wasser, die Luft, das Licht, die Wärme – dazu angetan, der Blume zum vollen Gedeihen zu verhelfen? Sollte es nicht auch so für den Menschen sein, für die Krone der irdischen Schöpfung?

Wenn etwas misslingt, dann geht es immer um die Freiheit des Menschen, niemals um irgendeine Strafe von außen. Weil der Mensch frei ist, muss er auch die Freiheit haben, Fehler zu machen. Wenn er das tut und darunter leidet, sollte er nicht von einer Strafe Gottes oder des Schicksals reden, sondern lieber von seiner eigenen Unvollkommenheit, die er beseitigen muss, um die Welt –

und sich selbst – wieder in Ordnung zu bringen. Oft betrachtet der Mensch auch das als misslungen, was gelungen ist – dann nämlich, wenn er sich einbildet, er hätte mehr oder anderes erreichen können, als ihm gegenwärtig möglich ist. Er muss nur seine Einschätzung korrigieren, von Misslingen kann dann keine Rede sein.

Aristotelische Schicksalsbetrachtung bei Rudolf Steiner

Rudolf Steiner wendet in seiner Geisteswissenschaft die vier Ursachen des Aristoteles auf das Zustandekommen des Schicksals an. Er bezieht die ersten zwei Arten von Ursachen auf die Gleichzeitigkeit von Ursache und Wirkung im Raum und die dritte und vierte auf den Fall, wo ein Zeitabstand dazwischen vorliegt.

Es gibt Phänomene, bei denen sowohl die Ursache als auch die Wirkung sinnlich wahrnehmbar sind und gleichzeitig stattfinden. Dies gilt für alle Phänomene im leblosen, im toten Bereich. Wo es um Pflanzen, um das Lebendige geht, hat man wiederum eine Gleichzeitigkeit von Ursache und Wirkung, nur ist die Ursache nicht mehr im Physischen, nicht mehr direkt sinnlich wahrnehmbar. Sie ist im Überphysischen bzw. im Übersinnlichen zu suchen, während ihre Wirkungen gleichzeitig im Physischen erfolgen. Wenn eine Pflanze wächst, vervielfältigen sich ihre Zellen immer weiter durch Teilung. Dabei sind Lebenskräfte wirksam, die der Schwerkraft entgegenwirken und die nicht sinnlich wahrnehmbar sind. Hier stößt der Naturwissenschaftler an die Grenzen seiner Methoden, weil der Hinweis auf etwas sinnlich Wahrnehmbares, für jeden objektiv Prüfbares, nicht mehr möglich ist. Durch die wahrnehmbaren Wirkungen der Lebenskräfte kann auf die Natur dieser Kräfte zurückgeschlossen werden, so wie das wahrgenommene Spiegelbild auf die sich spiegelnde Wirklichkeit schließen lässt. Es ist aber etwas anderes, eine Ursache direkt wahrzunehmen, als sie lediglich anhand ihrer Wirkung denkerisch zu erfassen.

Die dritte Art der Verursachung, die Aristoteles die Ziel-Ursache nennt, ist entscheidend für das Leben der Tiere, bei denen ein mit zentralem Nervensystem ausgestatteter Organismus aufgebaut wird. Die bei den Pflanzen nicht vorhandene organbildende Kraft – auch etwas, wovon das naturgegebene Bewusstsein nur die Wirkungen wahrnimmt – gestaltet bei den Tieren Organe im Hinblick auf die Funktionen, die sie erst nach vollendeter Ausbildung ausüben werden. Der Magen wird im Hinblick auf die Verdauung aufgebaut. Die Ursache der Verdauung – der Magen – muss erst fertig gebildet werden; die Wirkung – die Verdauung durch den Magen – kann erst mit Zeitabstand auftreten. Es ist wie bei jeder Ziel-Ursache: Ich tue jetzt etwas, um vielleicht erst in zehn Jahren etwas anderes zu erreichen. Es ist eine Art Verkettung von Ursache und Wirkung, bei der etwas nicht sinnlich Wahrnehmbares organbildend wirkt, im Hinblick darauf, was das Organ erst in der Zukunft bewirken soll. Die Ursache ist auch hier nicht sinnlich wahrnehmbar und die

Wirkung erfolgt im Sinnlichen, aber mit einem Zeitabstand.

Es gibt also zunächst drei Arten des Karmawirkens:

1. Eine sinnlich wahrnehmbare Ursache bewirkt eine gleichzeitig stattfindende Wirkung, die auch sinnlich wahrnehmbar ist.
2. Eine nicht sinnlich wahrnehmbare Ursache – die vegetative Bildekraft oder Lebenskraft – wirkt im Physischen und bringt dort eine Wirkung hervor, die gleichzeitig erfolgt.
3. Bei der dritten Art des Karmawirkens liegt die Ursache wiederum nicht im sinnlich Wahrnehmbaren; die Wirkung erfolgt im Physischen, aber nicht gleichzeitig, sondern mit einer Zeitverschiebung.

Die erste Art des Karmawirkens ist in allem Leblosen am Werk, im Mineralischen. Die zweite Art ist in den Pflanzen und in allem, was lebt, wirksam. Die dritte ist typisch für die Bildung und Betätigung von Organen im Tierreich.

4. Zu diesen drei Wirkungsarten des Schicksals kommt eine vierte hinzu. Diese ist in der sinnlichen Welt nur beim Menschen zu finden. Wie bei der ersten handelt es sich um eine Ursache, die sinnlich wahrnehmbar im Physischen wirkt; und die Wirkung erfolgt auch im sinnlich Wahrnehmbaren, aber ähnlich wie bei der dritten mit einer Verschiebung in der Zeit. Diese vierte Art der Verursachung kommt also ganz anders als die anderen drei zustande.

Ein Mensch vollbringt eine sinnlich wahrnehmbare Handlung, aber die entscheidende Wirkung, besonders die in seinem eigenen Wesen, geschieht vielleicht erst Jahre später. Nehmen wir an, jemand beschließt, eine fremde Sprache zu lernen. Er tut heute etwas, vollzieht etwas sinnlich Wahrnehmbares – Bücher studieren, Tonbänder hören – als Ursache, deren endgültige Wirkung vielleicht erst in Jahren als sinnlich wahrnehmbare Tatsache, zum Beispiel eine Auslandsreise, auftreten wird. Alles, was dazwischen getan wird, kann als Zwischen- oder Mitursache betrachtet werden oder auch als Zwischenziel. Aus diesem Grund ist die Gesetzmäßigkeit der karmischen Verursachung im menschlichen Bereich am kompliziertesten. Bei ihm wirken alle vier Arten immer zusammen: Seine wahrnehmbaren Handlungen bewirken gleichzeitig Wahrnehmbares, seine nicht sinnlich wahrnehmbaren, lebendig webenden Formgedanken bewirken gleichzeitig etwas im Sinnlichen; seine Ziele, die auch nicht sinnlich wahrnehmbar sind, rufen wahrnehmbare Wirkungen hervor, die erst mit zeitlichem Abstand eintreten; und zum Vierten hat er dank der drei ersten Wirkungsweisen die Fähigkeit, im Sinnlichen etwas zu tun, was seine Wirkung erst viel später in der physischen Welt hervorruft.

Die Freiheit steht jedem frei

Es steht jedem Menschen frei, wie er dem Weltgeschehen gegenüber Stellung nimmt. Nur muss er sich bewusst machen, dass seine erste, entscheidende Stellungnahme nicht im Handeln, sondern immer im Denken geschieht. Man ist daran gewöhnt, das Denken zu übersehen, weil es so nahe liegt. Die Freiheit im Denken liegt darin, dass jeder die Möglichkeit hat, seine Schicksalslage sowohl als Verhinderung wie auch als Förderung seines freien Wirkens aufzufassen. Sein Handeln wird sich immer nach dieser freien Entscheidung im Denken richten – ob er sie nun bewusst oder unbewusst trifft.

Die heutige Menschheit steckt immer noch in den Kinderschuhen der Freiheit. Sie ist mit allem ausgestattet, was die Freiheit ermöglicht und was dazu angetan ist, die individuelle Initiative zu fördern. Es hat keinen Sinn, darauf zu warten, dass Freiheit bewiesen wird. Umgekehrt kann man auch nie beweisen, dass der Mensch nicht frei ist. Etwas beweisen heißt, auf seine Notwendigkeit aufmerksam zu machen. Nur das Notwendige kann bewiesen werden. Freiheit kann man nur beweisen, indem man sie durch eigenes Tun hervorbringt. Das Verhängnis der Freiheit besteht weniger in dem, was der Mensch falsch macht, als in dem, was er an Gutem vollbringen könnte, was er aber unterlässt.

Das Denken, das nur an den Gesetzmäßigkeiten des Notwendigen geschult worden ist, ist nicht geeignet zum Erfassen der Freiheit. Das übliche Denken muss sich geradezu umkehren, wenn es darum geht, die karmische Gesetzmäßigkeit des freien Wirkens zu erfassen. Bei der Notwendigkeit kann man schon im Voraus sagen, was sich aus einer gewissen Ursache ergibt, weil sie ihre Wirkung notwendigerweise hervorruft. Bei der Freiheit ist es umgekehrt: Man muss abwarten, ob und wie die Freiheit eingreift, um erst danach feststellen zu können, was sie zustande gebracht hat. Jeder Mensch hat in tausenderlei Hinsicht die Fähigkeit zum freien Handeln. Wenn festgestellt wird, dass jemand in einer gewissen Situation die ihm mögliche Freiheit nicht ergriffen hat, darf dieses Versäumnis nicht als etwas Notwendiges aufgefasst werden.

Die menschliche Freiheit hat eine zweifache Bedeutung: Erfindungsgabe im Denken und Autonomie im Handeln. Es steht mir immer frei, mit meinem Denken Stellung zu nehmen, um die Lage, in der ich bin, nach allen Seiten mit eigenen Gedanken zu durchdringen, die verschiedenen Faktoren, die darin eine Rolle spielen, abzuwägen. Diese Erkenntnisbemühung ist jedem möglich, sie liegt im freien Schaffen des menschlichen Geistes. Diese Erfahrung der inneren Freiheit im Denken kann jeder Mensch machen. Die Verneinung der Freiheit würde einem Dogma gleichkommen, das nicht auf diese ganz spontane und überdeutliche innere Erfahrung der Freiheit Rücksicht nehmen will.

Durch zunehmende Erfahrung der inneren Freiheit im Denken kann der Mensch eine solche Erfüllung erleben, dass er bestrebt sein wird, diese freie Tätigkeit immer umfänglicher und tiefer zu erleben. Indem er sein Denken immer künstlerischer gestaltet, wird er auch das, was das Schicksal von ihm verlangt, immer besser erkennen. Je einsichtiger das Denken die Entwicklungschancen im eigenen Schicksal erkennt, desto mehr Freiheit wird der Mensch auch im Handeln erleben, im Übergang von der denkenden Einschätzung der Lage zum willentlichen Entschluss. In der Entscheidung, wie er sich in einer bestimmten Lebenslage verhält, welchen Faktoren oder welchen Aspekten seines Schicksals er ein größeres moralisches Gewicht verleiht, erlebt er immer mehr Gestaltungsmöglichkeiten. Er erlebt das Vergangene nicht als Verhinderung seiner Erfindungsgabe, sondern geradezu als das Material, an dem seine Freiheit sich ausleben kann. Ein solcher Mensch wird das Weltgeschehen immer umfangreicher mitgestalten können und dadurch auch seine eigene Entwicklung am besten voranbringen.

III Der Klügere in mir: eine schicksalhafte Entdeckung

Wie kommt ein Wissenschaftler dazu, etwas Neues, bisher Unbekanntes, zu entdecken? Er ist vielleicht die bekannten Phänomene hundertmal durchgegangen und hat niemals Ruhe gefunden. Bei jedem nochmaligen Durchsehen hat sich in ihm der Gedanke verstärkt: Hier stimmt etwas nicht. Es muss noch etwas anderes, etwas Unbekanntes, vorliegen. Was ich bis jetzt wahrgenommen habe oder zu wissen glaube, genügt nicht, um mir eine erschöpfende Erklärung der vorliegenden Tatsachen zu geben.

Lange Zeit hatte man zum Beispiel drei Monde gesehen, die um den Jupiter kreisen. Alle Astronomen waren daher der Überzeugung, dass Jupiter drei Monde hat. Dann kam Galileo Galilei, der sich die Bahnen dieser drei Monde etwas genauer ansah und sagte: «Hier stimmt etwas nicht. Wenn es wirklich nur drei Jupitermonde gäbe, müssten ihre Bahnen ganz anders verlaufen. Sie bewegen sich stattdessen so, als ob sie alle einem vierten Mond aus dem Wege gingen. Diesen vierten Mond muss es also geben.» Mit einem schärferen Teleskop gelang es ihm, den vierten Jupitermond zu entdecken. Und heute sind alle Astronomen davon überzeugt, dass um den Planeten Jupiter vier Monde kreisen.

Jedes Experiment ist wie eine Wette. Man weiß nie von vornherein, wie der angestellte Versuch ausfallen wird.

Zum Rüstzeug des Erfinders und des Entdeckers gehört unbedingt der Mut zum Wagnis. Und dieser Mut wird von der Zuversicht erzeugt, dass der Durchbruch irgendwann gelingen wird.

Das Wirken des Karmas ist für das alltägliche Bewusstsein zunächst nichts anderes als eine gedankliche Arbeitshypothese. Sie beginnt mit der Annahme, dass alles, was im Leben wie zufällig erscheint, gerade nicht zufällig ist, sondern von einem höheren Bewusstsein auf sehr vernünftige Weise geplant und ausgeführt wird. Dieses höhere Bewusstsein soll, so die Annahme, viel klüger sein als das allgemein erlebte. Es kann vieles durchschauen, was dem Alltagsbewusstsein völlig rätselhaft oder unerklärlich bleibt.

Man nimmt einfach an, dass bei all den Schicksalsschlägen, die ratlos und verzweifelt machen, ein «Klügerer in mir» ganz genau weiß, wozu das alles gut ist. Er hat es sogar freiwillig zu einem ganz bestimmten Zweck herbeigerufen. Es ist wie beim Erfinder: Durch die Annahmen, die er den Experimenten zugrunde legt und die ihn zum Durchbruch führen, erweitert er das bis dahin Gedachte mit neuen, noch nie gedachten Gedanken. Er muss die überlieferte Rationalität sozusagen übertreffen, und zwar mit erweiterter, vertiefter Rationalität. Was dem Alltagsdenken zunächst als irrational erscheint, stellt sich – durch den Erfolg der Entdeckung oder Erfindung – als überrational heraus.

So auch bei der Annahme, dass in jedem Menschen ein Klügerer steckt, dessen Bewusstsein umfassender ist als das, was diesem Menschen zunächst zur Verfügung steht. Der Ausgangspunkt liegt im Vergleich zwischen dem Bewusstsein eines Kindes und dem eines Erwachsenen. Im Kind steckt keimhaft ein umfassenderes Bewusstsein, das erst im Laufe der Zeit in Erscheinung tritt. Das Bewusstsein des Erwachsenen entwickelt sich so aus dem kindlichen. Das menschliche Bewusstsein, so muss man weiter folgern, ist in einer unaufhörlichen Entwicklung begriffen. Je nach Umfang und Tiefe ihres Bewusstseins unterscheiden sich Menschen ganz wesentlich voneinander.

Das kleine Kind lebt nur im Hier und Jetzt. Es kann sich Vergangenheit und Zukunft mit ihren vielfältigen Verknüpfungen von Ursache und Wirkung noch nicht «vergegenwärtigen». Es überblickt noch nicht, was heute Wirkung von gestern ist und was erst für morgen vorbereitet wird. Das Kind kann noch nicht richtig planen, kann noch nicht heute etwas tun, um erst morgen etwas zu erreichen. Aber genau das kennzeichnet das Erwachsenenbewusstsein: Es bedient sich einer Reihe von Ursachen und Wirkungen, die erst zusammengenommen einen Sinn ergeben, nämlich das angestrebte Ziel.

Das Bewusstsein der Menschen in längst vergangenen Kulturen, gemessen an all ihren hinterlassenen Äußerungen und verglichen mit dem eines heutigen Wissenschaftlers, ist in vieler Hinsicht als kindlich anzusehen. Diese Menschen kannten nicht unsere Rationalität, durch die versucht wird, die Phänomene linear nach Ursache und Wirkung zu erklären. Die alten Mythologien sind eher mit der Welt der Märchen verwandt, in der die Kinder leben. Der

Übergang vom mythischen zum wissenschaftlichen Denken ist mit dem vom kindlichen zum erwachsenen Bewusstsein vergleichbar: In beiden Fällen entwickelt sich aus einem vorrationalen ein rationales Bewusstsein, das nach Erklärung der Phänomene durch Ursache und Wirkung sucht.

Was für das Kind Naturwunder sind, bezeichnet der Erwachsene als Naturgesetze. Das Wunder ist wie der Zufall: Beide liegen jenseits rationaler Erklärungen. Die Wissenschaft will so viele Wunder wie möglich durch Entdeckung von Naturgesetzen erklären. Nur beim Schicksal des Menschen steht sie weiterhin vor lauter Wundern, weil da noch etwas anderes eine Rolle spielt.

Und hier kommt eine nahe liegende Annahme ins Spiel: Was wäre, wenn das Erwachsenenbewusstsein nicht aufhörte, sich zu entwickeln? Es hat die kindliche Stufe durch das wissenschaftliche Denken erweitert. Sollte es nicht möglich sein, das erwachsene Bewusstsein so zu erweitern, dass der neue Umfang zum alten wie dieser zum kindlichen steht? Für diese angenommene höhere Entwicklungsstufe gibt es noch kein Wort, doch anhand der bisher schon zurückgelegten Entwicklung lässt sich ihre Natur bereits vorhersagen: So wie das naturwissenschaftliche Bewusstsein die Naturgesetze erobert hat, wird das zu entwickelnde Schicksalsbewusstsein die Gesetze des Schicksalsgeschehens als vernünftige Verkettung von Ursachen und Wirkungen erklären können.

Die Annahme einer weisheitsvollen Führung im Schicksal kann sogar noch weitergehen: Ich kann davon ausgehen, dass der Klügere in mir in seiner Weisheit gerade die Schicksalsereignisse als besonders fördernd für meine Entwicklung ansieht, die ich als besonders leidvoll erlebe. Er weiß, welche besonderen Seelenkräfte gerade durch solche Erlebnisse von mir entwickelt werden können. Wo die Herausforderung am größten ist, so sagt er sich, wird aus einem auch das Beste herausgelockt.

In den Mythologien verschiedener Völker finden wir die Überzeugung, dass in jedem Menschen noch ein zweiter Mensch steckt, dessen Weisheit viel weiter reicht als die Klugheit seines nur selbstbewussten Denkens. Das Alltagsbewusstsein spricht vom Zufall, weil es nicht weiß, dass ein höheres, ihm nicht bewusstes Wesen nicht das Geringste in seinem Schicksal dem Zufall überlässt.

Die Benennungen für diesen Klügeren im Menschen sind unterschiedlich: Die Ägypter nannten ihn Osiris, die Inder Atman oder Brahman, das Christentum spricht vom Christus in mir, Sokrates vom inspirierenden Daimon, die Römer vom Genius, die deutschen Idealisten vom wahren oder höheren Ich, die Psychologie vom Unbewussten. Alle diese Bezeichnungen weisen auf etwas Geistiges hin, das nicht weniger zum Menschen gehören soll als das, was ihm auch ungeschult bewusst ist. Die einstimmige Botschaft ist: Es steckt viel mehr im Menschen, als ihm bewusst ist.

Der Klügere betrachtet alles Vergangene, alles Gewordene, als Chance, als Grundlage und als Ausgangspunkt, um immer weiterzukommen. Er ist nicht blind für das Negative außerhalb und innerhalb des Menschen, nein, er ist nur der Überzeugung, dass selbst das Negative seine gute Seite hat – und das ist die Möglichkeit, daran zu arbeiten, um es in etwas Positives zu verwandeln.

Weil der Klügere im Menschen so vieles sieht, was nur darauf wartet, entwickelt zu werden, erlebt er in allen Lagen des Lebens ein weites Betätigungsfeld und eine beinahe unbegrenzte Freiheit. Vor lauter Freude an all den guten Dingen, die das Leben ihm ermöglicht – und je schlechter die Lage ist, desto besser erscheint sie ihm, weil er dann mehr Hindernisse überwinden darf –, hat er gar keine Zeit, über die Dinge nachzudenken, die ihm nicht freistehen. Das würde ihm nur die Freude an all dem trüben, was es zu tun gibt. Er ist gelassen genug, um sich sagen zu können: Was du heute nicht erledigen kannst, wirst du morgen tun können. Aber er ist niemals so träge oder töricht, alles nur auf morgen zu verschieben. Er kann auch Trauer, sogar Bestürzung wegen alles Schlimmen oder Bösen in der Welt erleben – Hauptsache, die Trauer ist nicht lähmend, sondern ein Anlass, etwas Positives und Gutes zu unternehmen.

Der Klügere im Menschen hat ein so umfassendes Bewusstsein, dass er sogar den Ablauf der Zeit umkehren kann. Was für das Alltagsbewusstsein erst in der Ausführung wahrnehmbar wird, steht in der Planung des Klügeren ganz am Anfang. Was für das sich normal nennende Bewusstsein das Unbekannte ist – die eigene Zukunft –, ist für den Klügeren das Vertrauteste, was es gibt. Die Lebensereignisse, die noch im Kommen sind, leben schon in ihm als bewusst angestrebte Ziele. Er weiß ganz genau, was wann in seinem Leben zu geschehen hat, um Schritt für Schritt all seine schönen, menschenfreundlichen Ideale verwirklichen zu können.

Für den Klügeren ist die jeweilige Lebenslage, in der er sich befindet, immer die von ihm frei gewählte und daher bestmögliche. Er würde sich niemals mit der zweitbesten zufrieden geben, weil er aus einer gründlichen Kenntnis seiner Vergangenheit heraus weiß, was ihm noch fehlt, was er noch werden und erreichen will. Er hat die Möglichkeit, die äußeren Umstände des Lebens so einzurichten, dass sie das von ihm Erwünschte fördern. Im uferlosen Meer des Weltgeschehens sucht er sich jeweils die Umstände aus, die ihm für seine weitere Entwicklung am besten dienen.

Einladung zum Lebensexperiment

Man kann sich einmal folgende Situation vorstellen: Ein kleiner Junge namens Hans ist seit einigen Tagen traurig, weil seine ältere Schwester Bärbel keine Zeit mehr hat, mit ihm zu spielen. Die Eltern haben ihr versprochen: Wenn sie ihre Englischprüfung besteht, darf sie allein nach England fahren. Außerdem weiß Bärbel, dass sie sich mit gutem Englisch ihr ganzes Leben überall auf der Welt wird verständigen können. Sie hockt fast nur noch in der Stube über ihren Englischbüchern und hat nicht einmal gemerkt, wie viel sie in letzter Zeit abgenommen hat.

In den Augen ihres Bruders führt sie ein elendes Leben – aber sie ist dabei restlos glücklich.

Was wird der kleine Hans beim weiteren Heranwachsen daraus lernen? Das Leben ist ständiges Experimentieren, um immer besser herauszufinden, was einem zusagt und was nicht, was einen weiterbringt und was nicht. Seine Schwester ist dabei, ihren Bewusstseinsumfang durch das Erlernen einer Sprache zu erweitern. Dazu gehört Anstrengung, die von außen gesehen wie sinnloses Leiden aussehen kann, von innen gesehen aber der direkte Weg zum Glück ist. Jeder Mensch kennt den Sinn des Leidens, das er in der freien Verfolgung seiner Ziele bewusst und freiwillig auf sich nimmt. Aber wie ist es mit dem Leiden, von dem man den Sinn nicht sehen kann? Wie ist es mit ungewollten Schicksalsschlägen, wie mit einer plötzlichen Krankheit? Sind da nicht sinnlose Willkür und blinder Zufall am Werk?

Die Annahme eines höheren Ich im Menschen lautet: Ein tieferes Bewusstsein sucht das mir ungerecht erscheinende Leiden freiwillig auf, weil es Fortschritte gibt, die nur auf diese Weise vollzogen werden können. Diese Annahme kann nur durch ein Lebensexperiment bestätigt oder widerlegt werden. Um sich davon zu überzeugen, dass der Sinn eines nicht frei gewählten Leidens immer etwas Gutes, was später daraus werden soll, darstellt, muss der Mensch dieses Gute irgendwie real erfahren. Das Gute muss von einer rein theoretischen Annahme zur durchlebten Wirklichkeit werden. Aber wie? Der Mensch muss den Versuch unternehmen, statt auf die Nachteile, die er als Folge seines Leidens bisher gesehen hat, auf die Vorteile zu schauen, die er bisher *nicht* als Folge des Leidens gesehen hat, die es aber durchaus sein können.

Ein solches Experiment verläuft anders als bei den vier Monden des Planeten Jupiter. Bei naturwissenschaftlichen Versuchen müssen Verfahren und Ergebnis allgemeine Gültigkeit haben. Wenn es dagegen um das menschliche Schicksal geht, muss das Lebensexperiment bei jedem Menschen eine andere Gestalt annehmen, denn jede Biografie ist einmalig und einzigartig. Der Versuch, der hier in Frage kommt, ist also ein ganz individuelles Lebensexperiment, das jeder Mensch nur in Bezug auf sein eigenes Schicksal ausführen kann. Er kann versuchen, so zu leben, wie der Klügere in ihm es nach der gemachten Annahme tun müsste. Weil es um eine Lebensweise insgesamt geht, darf er es nicht bei einem isolierten Einzelversuch belassen: Er muss lange genug dabeibleiben, bis er feststellen kann, welche dauerhaften Ergebnisse diese neue Lebensweise bringt.

Hier könnte man einwenden: «Angenommen, ich mache dieses Experiment. Angenommen, diese neue Art zu leben macht mich auf die Dauer glücklicher. Das ist aber noch kein Beweis dafür, dass es diesen Klügeren in Wirklichkeit gibt. Ich habe eben meine Lebensweise zu meiner Zufriedenheit geändert, mehr nicht.» Dieser Einwand ist berechtigt, nur hat er mit der Wirklichkeit wenig zu tun. Denn durch die neue Lebensweise ist der Mensch bereits selbst ein ganzes Stück so geworden, wie der angenommene Klügere ist. Statt theoretische Beweise für die

Existenz des Klügeren zu finden, hat der Mensch sein alltägliches Bewusstsein so geändert, dass er jetzt in der Lage ist, den Klügeren als Wirklichkeit wahrzunehmen. Jetzt gibt es ihn wirklich, weil er ihn in sich erzeugt hat. Einen überzeugenderen Beweis für die Realität des Klügeren kann es nicht geben.

Im Leben ist nie eine Theorie das Überzeugende, sondern allein die Erfahrung. Das Höchste, was der Mensch anstrebt, ist die Feststellung: «So ist es gut für mich. So möchte ich weiterleben.» Beim Lebensexperiment geht es also nicht um eine Theorie, sondern um eine zu erzeugende Wirklichkeit – um die Erfahrung dessen, was die Menschen Glück nennen. Und das Glück kann niemals irrtümlich oder illusorisch sein, weil es beim Glücklichsein gar nicht um Wahrheit oder Irrtum geht, sondern um das Gefühl der Selbsterfüllung, das untrüglich erlebt wird, wenn es vorhanden ist. Die Griechen haben dafür das Wort «eudaimonia» geprägt. «Eu» bedeutet «gut», also heißt es: Ich erlebe mich im Einklang mit meinem Daimon, mit dem Klügeren in mir.

Der Klügere – ein genialer Lebenskünstler

Bevor man dieses Lebensexperiment durchführt, lohnt es sich, einige ältere überlieferte Aussagen über den Klügeren im Menschen näher zu untersuchen. Diese Quellen zeigen in vielen Bereichen große Übereinstimmung. Eine Eigenschaft des Klügeren wird immer wieder genannt: Er ist durch und durch ein Künstler. Sein umfassendes, geniales Kunstwerk ist die menschliche Biografie. Der Lebenslauf eines Menschen ist keineswegs etwas, was durch zufällige Zusammensetzung von Einzelereignissen als bloß quantitative Summe zustande kommt. Das wäre das Gleiche wie die Annahme, eine Statue käme durch Zusammenfügung von einzelnen Marmorstücken zustande. Nein, sie wird in einem Guss, als vollkommene Einheit, in der Phantasie des Schöpfers zustande gebracht. Sie ist schon vollendet in der geistigen Schöpfung vorhanden, ehe noch der erste Schritt zur äußerlichen Ausführung unternommen wird.

Je schöpferischer der Künstler, desto weniger wird er in der Auseinandersetzung mit dem Material Kompromisse über das zu erreichende Ziel eingehen müssen. Nicht der Künstler hat sich den Gesetzen der Materie zu fügen, sondern die Materie ist dazu da, um ganz in die Formen gebracht zu werden, die seine Phantasie erschafft. Natürlich hat jedes Material, mit dem der Künstler arbeitet – sei es Stein, Holz, Ton oder Farbe – eigene Gesetze. Alles kommt aber darauf an, ob der Künstler diese Gesetze von der Seite dessen erlebt, was sie ihm ermöglichen, oder lediglich als Grenzen, die seinem Schaffen gesetzt werden. Im ersten Fall ist er ein guter, im zweiten Fall ein schlechter Künstler.

Diese künstlerische Gestaltungsweise findet sich auch in den griechischen Mythen wieder. Ein Beispiel ist der Mythos der zwölf Argonauten und der des Herakles (lateinisch Herkules). Die zwölf Argonauten segeln nach

Asien, um die alte Weisheit von dort nach Griechenland zu holen. Nur gemeinsam können sie diese Tat vollbringen. Sie sind wie das irdische Spiegelbild der zwölf Tierkreisbilder, die nebeneinander stehen und nur miteinander eine Gesamtheit ergeben. Ganz anders ist es mit Herakles: Er muss alle zwölf Arbeiten allein erledigen. Dabei verhält er sich wie die Sonne, die nie stillstehen bleibt, sondern eines nach dem anderen alle zwölf Tierkreiszeichen besucht und so die Gesamtheit ihrer Gaben empfängt. Die Griechen nannten einen solchen Menschen einen Sonnenläufer oder Sonnenhelden.

Der Unterschied zwischen mir und dem Klügeren in mir besteht darin, dass ich mir nur eine von zwölf möglichen Weltanschauungen oder Lebensarten zu Eigen mache, er aber alle. Seine Lebenskunst besteht darin, dass er durch seine innere Wandlungsfähigkeit alle zwölf erleben kann. Er kann sich völlig in die Sichtweise eines anderen hineinversetzen: «Wenn ich mir die Welt mit deinen Augen anschaue», so sagt er, «sieht sie genauso aus, wie du sagst. Ich kann dir nur Recht geben.» Er kann sich so in den anderen hineinfühlen, dass er selbst erlebt, wie dem anderen zumute ist. Und er kann sagen: «Ich verstehe nicht nur deine Motive, sondern auch dein Verhalten. Wenn ich du wäre, wenn ich mich in deiner Lage befände, würde ich genauso handeln wie du.»

Und trotzdem bleibt der Klügere, der Herakles-Mensch, immer er selbst. Er verliert sich nicht aus lauter Mitfühlen und Mitempfinden in einem anderen Menschen. Auch die Sonne verbindet sich mit jedem der Tierkreiszeichen, wird aber von keinem gefangen genommen, weil die Bewegung immer weitergeht.

Was die Griechen in den Mythen von den zwölf Argonauten und von Herakles dargestellt haben, ist wenige Jahrhunderte später zu einer geschichtlichen Tatsache geworden: In der christlichen Szene des Abendmahls und der Fußwaschung erscheinen wieder die zwölf verschiedenen Menschenarten mit dem Dreizehnten – dem Sonnenhelden –, der sie alle in sich zur Einheit bringt. Leonardo da Vincis Abendmahl stellt den Sinn des Schicksals des Menschen dar: die Überwindung jeder Einseitigkeit durch unaufhörliches Streben nach Allseitigkeit.

Auch Goethe hat diese Polarität in seinen *Faust* «hineingeheimnisst» – ein Wort, das er im Gespräch mit Eckermann selbst gebraucht. Faust fragt den alten Lehrer Chiron:

Faust.

Du hast die Größten deiner Zeit gesehen
[...]
Wen hast du für den Tüchtigsten gehalten?

Chiron.

Im hehren Argonautenkreise
War jeder brav nach seiner eignen Weise,
Und nach der Kraft, die ihn beseelte,
Konnt er genügen, wo's den andern fehlte.
[...]
Gesellig nur läßt sich Gefahr erproben:
Wenn einer wirkt, die andern alle loben.

Faust, selbst ein Heraklesmensch, kann sich nicht mit der jeweiligen Einseitigkeit der zwölf Argonauten zufrieden geben. So fragt er weiter:

Faust.

Von Herkules willst nichts erwähnen?

Und Chiron verrät daraufhin seine Verlegenheit: Es ist keine leichte Sache, meint er, von Herakles zu reden oder ihn künstlerisch darzustellen. Um das zu tun, müsste man selber ein Heraklesbewusstsein erlangt und alle zwölf Argonauten in sich vereinigt haben:

Chiron.

O weh! errege nicht mein Sehnen
[...]
Ich hatte Phöbus nie gesehn,
Noch Ares, Hermes, wie sie heißen;
Da sah ich mir vor Augen stehn,
Was alle Menschen göttlich preisen.
So war er ein geborner König,
Als Jüngling herrlichst anzuschaun;
[...]
Vergebens mühen sich die Lieder,
Vergebens quälen sie den Stein.

Jeder Mensch darf sich sagen: Der Klügere in mir hat meine Biografie von Anfang bis Ende als organische Einheit und vollendetes Kunstwerk geschaffen. Er hat ihre Dauer, ihre Höhen und Tiefen sorgfältig ausgemessen. Das einheitliche Ziel, das er sich für seinen Lebenslauf gesteckt hat, ist die eigene, ganz einzigartige Vervollkommnung, die aber nur im Dienst am Weiterkommen aller anderen Menschen erlangt werden kann. Dieses individualisierte Entwicklungsideal ist der Sinn meines Lebens. Ein genialer Künstler ist mein wahres Ich, ein göttlicher Lebenskünstler, denn meine allzu menschliche Phantasie wäre nie imstande, alle Schritte meines Lebens so zu lenken, dass meine Wege sich immer mit denen der Menschen kreuzen, die auf diesen Künstler warten, um von ihm die Gaben zu empfangen, die sie brauchen. Menschen, auf deren Gaben und Anregungen er seinerseits angewiesen ist, um die Aufgabe seines Lebens zu erfüllen.

Die Mysterien der menschlichen Biografie verdienen eine gesonderte, eingehende Betrachtung. Man braucht hier nur auf das Allerwesentlichste zu schauen: Der Lebenslauf des Menschen, dieses höchste Kunstwerk der sichtbaren Welt, vereinigt in sich zwei Arten von Ursachen, lineare und zyklische. In der linearen Verkettung kommt zuerst die Ursache, danach ihre Wirkung. Die Naturwissenschaft berücksichtigt nur diese Art der Verursachung. Für den Lebenskünstler, der eine menschliche Biografie entwirft, ist diese lineare Verkettung von Ursache und Wirkung nur das Werkzeug für die zyklische. Und zyklische Verursachung heißt: Was in der Ausführung erst am Ende zustande kommt, das Ziel des Lebens, ist die erste Ursache von allem, was im Leben geschieht.

Weil der Lebenskünstler genau weiß, worauf er mit seinem ganzen Leben hinauswill, kann er alle Einzelheiten so einrichten, dass sie ihm dazu verhelfen. Das ist es gerade, was so viele Menschen in ihrem Schicksal suchen, oft ohne es zu wissen: Was will mein Genius mit meinem Leben? Warum geschieht mir dieses und jenes? Welche Aufgabe habe ich in dieser Welt? Was ist mein Beitrag zur Entwicklung von Mensch und Erde? Jeder Mensch ahnt, dass in einem Kunstwerk selbst das kleinste Detail nur im Zusammenhang mit dem Ganzen seinen Sinn erhält. Wer das Ganze kennt, hält den Schlüssel zu allen Einzelheiten in der Hand. Wer das Ganze in seiner Einheit nicht durchschaut, dem ist jedes Detail ein unlösbares Rätsel. So trägt jeder Mensch in sich eine tiefe Sehnsucht nach dem Sinn, weil er empfindet: Mein Leben muss doch einen Sinn haben.

Der Klügere – ein risikofreudiger Unternehmer

Die westliche Kultur, die Kultur des freien Unternehmertums, hat die besten Voraussetzungen, um die innere Gesinnung des Klügeren in jedem Menschen nachzuvollziehen. Denn was bedeutet es, unternehmerisch zu denken? Es bedeutet vor allem, die Augen auf die Zukunft zu richten und risikobereit, ja sogar risikofreudig zu sein.

Abenteurer, Erfinder, alle schöpferischen Menschen waren Wagende – nicht Waghalsige, sondern Wagemutige. Zu den wichtigsten Eigenschaften des Klügeren im Menschen gehört, dass er seine Vergangenheit als Sprungbrett versteht, um immer weitere Sprünge in seiner Entwicklung zu machen. Geschlossene Türen interessieren ihn nicht. Auch will er keine Türen mit Gewalt aufreißen, weil er immer genug findet, die ihm offen stehen. Mehr als das bereits Bestehende interessiert ihn das, was er aus der bestehenden Welt machen kann. Das Leben ist für ihn ein Risiko, weil er nicht von vornherein weiß, was sein unkluger Zwillingsbruder und die anderen Menschen mit den Einzelzügen seines Lebensplans anfangen werden. Aber er hat die Zuversicht, dass er aus allen Überraschungen des Lebens immer das Bestmögliche machen wird. Er ist der bessere Schachspieler: Jeder unbeholfene Zug des anderen ist ihm Anlass zu einem neuen Zug, der ihn weiter zum Sieg führt.

Das Schönste am Unternehmergeist ist die Freude, die man erlebt, wenn man produktiv und schöpferisch ist. Produzieren heißt herstellen, hervorbringen, etwas leisten, was allen Menschen gleichermaßen zugute kommt. Der vielleicht wichtigste Unterschied zwischen der alltäglichen menschlichen Klugheit und dem höheren Bewusstsein des Klügeren ist: Der weniger Kluge arbeitet, um zu leben, aber der Klügere lebt, um zu arbeiten, um Freude am Schaffen zu erleben. Der eine arbeitet für seinen Lebensunterhalt, für Geld, er arbeitet im Grunde für sich. Der Klügere erlebt seine Selbsterfüllung im kreativen Tun und dient dadurch allen anderen nicht weniger als sich selbst. Der weniger Kluge wird geleitet vom Selbsterhaltungstrieb, den der Mensch mit den Tieren gemeinsam hat. Der Klügere weist einen Überschuss an Kraft auf: Er sorgt nicht nur für sein Leben, sondern auch für das Leben anderer. Dieser Überschuss an Kraft, der auch allen anderen zugute kommt, ist das, was die Menschen seit jeher «Liebe» nennen.

Für das normale Bewusstsein ist es ein großes Risiko, nach der Logik der Liebe zu leben, denn man kann sich des Gelingens nicht sicher sein. Der Klügere geht in seinem Schaffen ein noch größeres Risiko ein: das Risiko der Freiheit. Er setzt sich der Willkür des normalen Bewusstseins aus und kann nicht voraussehen, wie vernünftig oder wie töricht das Verhalten des Menschen in seinem naturgegebenen Bewusstsein sein wird.

Der Lebensunternehmer stellt sein Kunstwerk, die Biografie, gerne der Willkür seines jüngeren Bruders zur Verfügung, immer in der Hoffnung, dass dieser dadurch Einblick in die Freude eines solchen Künstlertums gewinnt und sich davon anstecken lässt. Zwar nennt sein kleinerer Bruder die eigene Willkür «Freiheit», aber wie soll man es ihm verdenken, wenn er keine andere Freiheit kennt? Er muss die bessere Art der Freiheit erst kennen lernen. Umso mehr Grund, ihn mit einer Liebe, wie sie nur Eltern und Erzieher kennen, jener anderen, vollkommeneren Freiheit auszusetzen, die er nur halb bewusst sucht.

So kommt das Kunstwerk Biografie durch die Wechselwirkung von zwei Bewusstseinsebenen zustande. Je nachdem, wie das engere Bewusstsein sich zu den karmischen Angeboten des erweiterten stellt, entscheidet der Klügere, der das ganze Unternehmen in der Hand hat, wie er die weiteren Einzelzüge seiner Strategie gestaltet. Wer sein Ziel fest im Auge behält, wer die Grundzüge seiner Strategie gut kennt, hat umso mehr Bewegungsfreiheit, ja Anpassungsfähigkeit, in den kleinen Zügen. Wer in seinen Prinzipien stark verankert ist, der ist umso kompromissfähiger in der äußerlichen Ausführung, weil er die eine von der anderen klar unterscheiden kann. Der kluge Unternehmer in jedem Menschen weiß: Er kann nicht gleich verlangen, dass der weniger Kluge sich ihm anpassen soll – dazu ist dieser noch nicht fähig, dazu muss er erst erzogen werden. Deshalb passt er sich gerne selber in allen kleinen Zügen dem zu Erziehenden an. Gerade weil dieser zunächst nur in den kleineren Zügen des Lebens freie Wahl hat, wird er nie ein zu großes Übel anrichten können. So ist es auch mit Kindern: Eltern und Lehrer richten sich gerne in allen möglichen kleinen Dingen nach ihnen, gerade weil die Kinder erst so wenige große Dinge aus eigenen Kräften gestalten können.

Der Klügere – ein ewig jugendlicher Spieler

Der Kerngedanke, den Schiller in seinen Briefen «Über die ästhetische Erziehung des Menschen» ausführt, lautet: Der Mensch ist zuhöchst und zutiefst Mensch, wenn er spielt. Das Beglückende des Spielens sieht Schiller in der

Freiheit, in der freien Beweglichkeit zwischen gegeneinander strebenden Kräften. Er nennt diese Kräfte Natur- und Vernunftnotwendigkeit. Beide setzen den Menschen unter einen Zwang, den Zwang der Logik und den Zwang des Triebes. Im künstlerischen Schaffen unterliegt der Künstler weder der Notwendigkeit der Natur noch der der Vernunft. Er hat freies Spiel, er kann frei bilden und gestalten und er erlebt sich so als reiner Mensch.

Ein Beispiel für ein in der Gegenwart sehr beliebtes Spiel ist das Windsurfing. Seine Faszination liegt im freien Spiel mit den Wasserkräften, mit ihren unerschöpflichen Überraschungen, die den Menschen zu allen möglichen Anpassungseinfällen herausfordern. Hauptsache, es wird nie langweilig. Und gerade das ist die vorzüglichste Eigenschaft eines Kindes, das spielt: Es langweilt sich nie. Und doch hat das Surfen auch seine Grenzen, zum Beispiel eine körperliche Altersgrenze. Und zum Zweiten hat das Wasser immer die Führung und der Mensch muss sich danach richten. Niemals richten sich die Bewegungen des Wassers nach denen des Menschen.

Es gibt aber auch eine Art von Spiel, in dem keine Altersgrenze gegeben ist und in dem der Mensch sich einerseits nach der Wirklichkeit richtet, andrerseits aber die Wirklichkeit auch in seinem Sinne verändern kann. Dieses Spiel ist das Lebensspiel. Man könnte es als «höheres Surfen» bezeichnen, höher in dem Sinne, dass die Anpassungsbewegungen auf beiden Seiten – auf der Seite der Lebenswellen und der des Menschen – ins Unendliche gesteigert werden können. Die Wellenschläge des Lebens, alles, was das Schicksal dem Menschen entgegenbringt, verlangt von ihm höchste Wachsamkeit und Anpassungsvermögen. Aber nicht nur er ist für die Welt da – die Welt ist auch für ihn da: Er darf sie immer wieder phantasievoll überraschen, er darf sie mitgestalten und sie dazu auffordern, sich nach ihm zu richten, ihm zu dienen. Die Welt erhält den besten Diener in dem Menschen, dem sie am besten dient. Und der Mensch bedient sich der Welt am besten, der ihr am dienlichsten ist.

Der Klügere im Menschen ist wie ein olympischer Spieler: Vom Olymp der Götter steigt er auf die Erde herunter, um seinem kleinen Menschenbruder das göttliche Spielen beizubringen. Es ist ein anderes Spielen, als es die Menschen zunächst kennen. Bei den noch nicht so klugen Spielern ist die erste Spielregel, dass es Gewinner und Verlierer geben muss. Der Sieg der einen besteht gerade in der Niederlage der anderen. Die erste Regel des klügeren Lebensspielers, der in jedem Menschen steckt, heißt: Es darf nur Gewinner geben, alle können – und sollen – Gewinner sein. Deshalb lautet die zweite Regel: Es gibt kein Endergebnis des Spiels, weil das Spielen nie zu Ende geht. Wer sich nicht als erfolgreicher Sieger mitten im Spiel, im Hier und Jetzt erlebt, wird niemals Sieger sein können. Und noch eine dritte Regel gibt es: Je älter man wird, ein desto besserer Spieler kann man werden. Man muss aber nicht, denn diese Entscheidung bleibt jedem Spieler selbst überlassen. Mit achtzig Jahren kann man im Lebensspiel wesentlich gewandter sein als mit dreißig – vorausgesetzt, man hat nie aufgehört, das Spielen zu üben.

Jupiter besucht Alkmene: ein literarischer Versuch

In Dietrich Schwanitz' Buch «Männer» gibt es acht Szenen mit dem Titel: «Die Komödie der Frauen: Amphitryon oder Alkmenes Dilemma». Es ist eine Art griechisches Schauspiel, in dem Alkmene Folgendes erlebt: Freunde überzeugen sie davon, dass Jupiter beschlossen hat, ihr einen Besuch abzustatten und mit ihr eine Nacht zu verbringen. Sie ist gespannt, welche Erscheinungsform der oberste Gott annehmen wird, denn bekannterweise kann er in allen möglichen Gestalten erscheinen. Und siehe da, er erscheint ihr in der Gestalt ihres Ehemannes Amphitryon.

Alkmene hat also äußerlich, in der sinnlichen Wahrnehmung, während jener Nacht wie immer ihren eigenen Mann vor sich. Aber sie ist der Überzeugung, dass es in Wirklichkeit Jupiter ist: Der Geist, der sich durch die Form ihres Mannes äußert, ist der Geist Jupiters. Die Liebeserweise, die sie empfängt, so denkt sie, kommen von keinem anderen als von Jupiter. So erlebt sie eine glückliche Nacht, in der sie sich innig – «göttlich» – geliebt fühlt.

Was ist der Sinn dieser Schilderung? Die Männer sind zweifellos ein großes Stück Karma der Frauen – umgekehrt ist es ebenso. Die Art und Weise, wie Schwanitz in seinem Buch die Natur der Männer darstellt, ist nicht gerade schmeichelhaft. Seine Grundaussage scheint zu sein: So sind die Männer nun einmal; sie können nicht anders, und die Frauen möchten sich bitteschön danach richten, weil sich die Natur der Männer eben nicht ändern lässt.

Dort jedoch, wo es um die Frauen geht, erzählt der Autor aus der umgekehrten Perspektive. Er nennt diese Szenen eine Komödie: Komödie ist etwas, was glücklich endet im Gegensatz zur Tragödie der Männer, die als naturgebunden und unfähig jeder inneren Wandlung gelten. Der Frau wird zugetraut, dass sie ihre Vorstellungen, die Welt ihrer Phantasie, realer und wirklicher werden lassen kann, als die sinnliche Wahrnehmung, die äußere Erscheinung, es ermöglicht. Auf der physischen Ebene hat Alkmene in jener Nacht wie immer ihren Ehemann Amphitryon vor sich. Aber das, was in ihren Vorstellungen lebt, ihre innerlich gefühlte Realität, wirkt stärker auf sie als die äußere Wahrnehmung.

Diese Komödie ist ein gutes Beispiel, wie das genannte Lebensexperiment ausgeführt werden kann. Der Versuch besteht ja gerade darin, dass man sich zunächst in die Gedanken und Vorstellungen des Klügeren hineinversetzt und dadurch erlebt, wie das Leben viel sinnvoller wird. Diese zunächst nur vorgestellte, in der Phantasie erzeugte Wirklichkeit kann – durch das Glück dessen, was man dabei erlebt – bewirken, dass sie immer realer wird, so dass der Mensch diesen klügeren Menschen nicht mehr nur in sich selbst als wirksam und real anzunehmen bereit ist, sondern auch in jedem anderen Menschen.

Was hat Alkmene im Grunde genommen getan? Sie hat in jener Nacht ausnahmsweise – doch diese Ausnahme kann immer mehr zur Regel gemacht werden – in ihrem Mann nicht vordergründig sein alltägliches Ich, sondern ein höheres, göttliches Wesen erlebt. Nur der Jupiter in Alkmene –

der Klügere in ihr – kann den Jupiter auch im anderen wiedererkennen und erleben. Ob diese höhere Realität im anderen nun «Jupiter» genannt wird oder «höheres Ich» oder «der Klügere», ist nur eine Frage der Ausdrucksweise.

Ganz deutlich wird die Sache, wenn man die Geschichte von Alkmene im griechischen Mythos selbst nachliest. Da heißt es: Herakles hat nicht nur wunderbare Taten vollbracht, er ist auch auf wundersame Weise geboren worden. Seine Mutter Alkmene empfängt in der Nacht, die sie mit Zeus verbringt, Zwillinge: Von Zeus empfängt sie Herakles – halb Mensch und halb Gott – und von ihrem Mann Amphitryon empfängt sie Iphikles, den menschlichen Zwillingsbruder des Herakles. Aus einem Geschehen werden zwei Kinder geboren.

Iphikles ist im Menschen das gewöhnliche Alltagsbewusstsein. Es steckt aber in jedem auch der Zwillingsbruder Herakles, das göttliche Ich. Dieser wird geboren, wird zum Bewusstsein gebracht, wenn der Mensch im anderen Menschen nicht nur dem allzu menschlichen Ich begegnet – dem sterblichen Mann Amphitryon oder dem Iphikles –, sondern auch dem geistigen, göttlichen Ich: dem Jupiter oder dem Herakles. Vor allem eines wird dadurch verdeutlicht: wie wichtig für den Menschen die Wahrnehmung einer höheren Wirklichkeit sein kann. Das eigene Schicksal wird dadurch ganz anders erlebt, und zwar immer von der positiven Seite. Das Leben selbst wird in seiner Realität verbessert. Denn die tiefere Wirklichkeit eines jeden Menschen ist immer das, was er zu erleben vermag, was er in seinem Bewusstsein birgt.

«Ein Ziegelstein löst sich vom Dache los»: Ursache und Wirkung bei Goethe

In seinen Schriften zur Naturwissenschaft hat Goethe oft darauf hingewiesen, dass die Wissenschaft die Phänomene nur auf ihre sinnlich wahrnehmbaren Ursachen hin untersucht und dabei den Menschen ausklammert. Was in der Natur eine Verkettung von Ursache und Wirkung darstellt, kann vom Menschen zum Mittel für immer neue Schöpfungen gemacht werden, deren erste Ursache er selbst mit seinen Zielsetzungen ist.

Eine äußerliche Betrachtung der Ursachen läuft immer Gefahr, Ursache und Wirkung miteinander zu verwechseln. Goethe gibt dafür ein gutes Beispiel: Ein Ziegelstein fällt vom Dach herunter und einem Menschen auf die Schulter. Im Schicksal des Getroffenen wird dies zu einem bedeutsamen Ereignis. Und Goethe knüpft daran eine weitere Betrachtung über die Art und Weise, wie im Karma des Betroffenen die Gesetzmäßigkeit von Ursache und Wirkung ihre Komplexität zeigt. Er verfolgt dieses Ereignis in seiner Wirksamkeit und kommt dabei auf nicht weniger als neun verschiedene Ebenen, die er folgendermaßen bezeichnet:

zufällig
mechanisch
physisch
chemisch
organisch

psychisch
ethisch
religiös
genial

Goethe schreibt: «Ein Ziegelstein löst sich vom Dache los, wir nennen dies im gemeinen Sinne *zufällig*; er trifft die Schulter eines Vorübergehenden doch wohl *mechanisch*; allein nicht ganz mechanisch: Er folgt den Gesetzen der Schwere, und so wirkt er *physisch*. Die zerrissenen Lebensgefäße geben sogleich ihre Funktion auf, im Augenblick wirken die Säfte *chemisch*, die elementaren Eigenschaften treten hervor. Allein das gestörte *organische* Leben widersetzt sich ebenso schnell und sucht sich herzustellen; indessen ist das menschliche Ganze mehr oder weniger bewusstlos und *psychisch* zerrüttet, die sich wiedererkennende Person fühlt sich *ethisch* im Tiefsten verletzt, sie beklagt ihre gestörte Tätigkeit, von welcher Art sie auch sei; aber ungern ergäbe der Mensch sich in Geduld. *Religiös* hingegen wird ihm leicht, diesen Fall einer höhern Schickung zuzuschreiben, ihn als Bewahrung vor größerem Übel, als Einleitung zu höherem Guten anzusehen. Dies reicht hin für den Leidenden: aber der Genesende erhebt sich *genial*, vertraut Gott und sich selbst und fühlt sich gerettet, ergreift auch wohl das Zufällige, wendet's zu seinem Vorteil, um einen ewig frischen Lebenskreis zu beginnen.»

Auf der höchsten Stufe wird auf den Genius des Menschen hingewiesen. Er steht noch höher als das Religiöse, weil dieses eine abstrakte Allgemeingültigkeit aufweist, die erst im individuellen Geist konkret wird. Der Genius ist bei Goethe dasselbe wie der «Klügere» im Menschen. Seine Genialität zeigt er in der Fähigkeit, in diesem leidvollen Ereignis eine positive Entwicklungschance zu sehen und sogar daraus einen «Vorteil» zu ziehen. Dieser Vorteil ist es, worauf das Ganze hinauswill.

Indem die Naturwissenschaft das Geschehen im inneren Wesen des Menschen ausklammert, verwechselt sie, was den Menschen angeht, Ursache und Wirkung. Als Naturereignis ist die Verletzung der Schulter eine Wirkung des fallenden Ziegelsteins; für das menschliche Erleben ist sie die Ursache dessen, was der Klügere im Menschen mittels der Verletzung erreichen will. Der Ziegelstein ist dabei mehr Werkzeug als Ursache. Es ist eine Sache, zu erklären, warum der Stein fällt, und eine ganz andere, zu erklären, warum dieser Mensch dem fallenden Stein die Schulter bietet.

Der Genius im Menschen, der Klügere in ihm, hat von vornherein auf einen Vorteil abgezielt. Er ist die aristotelische Ziel- oder Zweckursache der Tatsache, dass seine Schulter dem Ziegelstein entgegengetreten ist. Der Klügere in diesem Menschen hat sich aus freien Stücken zu der Stelle hinbegeben, wo der Ziegelstein herunterfallen würde, er war im richtigen Augenblick dort, um ihn auf die Schulter zu bekommen. Die freie Entscheidung des Klügeren im Hinblick auf den zu erlangenden Vorteil ist die entscheidende Ursache, die weniger die Tatsache erklärt, dass der Stein heruntergefallen ist, als vielmehr die für den einzelnen Menschen viel wichtigere Tatsache, dass er gerade auf seine Schulter gefallen ist.

Im Karma geht es nicht um das Naturphänomen, dass ein Ziegelstein vom Dach herunterfällt, sondern um das, was der Mensch erlebt, dem der Ziegelstein auf die Schulter fällt. Was ist die Ursache für dieses Schicksalsereignis? Wo findet man die Erklärung dafür, dass der Stein diesem besonderen Menschen und nicht einem anderen auf die Schulter fällt?

Dazu noch ein Beispiel: Ein junger Mensch ist in einer wohlhabenden Familie aufgewachsen und widmet sich ohne jede Eile seinen Universitätsstudien. Die finanzielle Rückendeckung lässt keine Sorge aufkommen. Dann geschieht aus heiterem Himmel das Unglück: Er erhält die Nachricht, dass seine Eltern tödlich verunglückt sind. Plötzlich sieht alles anders aus, es ist kein Geld mehr für sein Studium vorhanden. So bequem sein Leben bisher war, so hart ist es jetzt geworden. Er muss arbeiten, um sein Brot zu verdienen. Und im Laufe weniger Jahre wird aus einem innerlich trägen Menschen – für das Erleben von Depressionen wie vorprogrammiert – ein tüchtiger Mensch, der überall zupackt und zunehmend Lebensfreude erlebt. Er muss sich im Nachhinein in aller Ehrlichkeit sagen: Ohne Hilfe des damaligen Schicksalsschlages hätte ich es vielleicht nicht geschafft, mein Leben zum Besseren zu wenden.

Wie war es aber damals, als ihn das Furchtbare traf? Furchtbar hatte er darunter gelitten, er fühlte sich ungerecht behandelt. Es wäre ihm im Traum nicht eingefallen zu denken, wie gut ihm dieses Leiden tun würde. Was ihm wie eine große Ungerechtigkeit erschien, wie ein unverdienter Zufall, war für sein höheres Bewusstsein die notwendige Voraussetzung, um ein schwermütiges Leben, worauf er vor dem Schicksalsschlag zusteuerte, von ihm abzuwenden und in ein heiteres zu verwandeln. Zurückblickend kann er sich sagen: Es war meine Unvollkommenheit, die unbewusst dieses Unglück geradezu angezogen hat, um mir die Gelegenheit zu geben, sie zu überwinden. Ein Kräftegefälle in mir hat das scheinbar Zufällige angezogen.

Je mehr ein Mensch nicht erst im Nachhinein, sondern bereits mitten im Leiden versucht, diese Gesinnung zu pflegen, wird er das Leiden in einem ganz anderen Licht sehen können: Nicht als etwas Unerwünschtes, nicht als Rückschlag oder Strafe, sondern ganz im Gegenteil als menschenfreundliche Herausforderung, um die besten Fähigkeiten, die in ihm stecken, wachzurufen. Um zu wissen, ob das Leiden, das ihn gegenwärtig trifft, für ihn gut ist oder nicht, müsste er alle möglichen Folgen dieses Leidens (und auch seines Ausbleibens) kennen und noch dazu die Fähigkeit haben, sie miteinander im Hinblick auf die Förderung seiner Entwicklung zu vergleichen. Welcher Mensch aber kann sich mit seinem naturgegebenen Bewusstsein einen solchen Überblick verschaffen?

Der Klügere in meiner Vergangenheit: ein Gedankenexperiment

Der geniale Lebenskünstler, der risikofreudige Unternehmer, der in mir steckt, ist mir keineswegs so unbekannt, wie es vielleicht scheint. Er ist mir im Gegenteil so vertraut, dass ich ihn wegen der zu großen Nähe – nicht wegen der zu großen Entfernung – leicht übersehen kann. Ich brauche nur ernsthaft zu überlegen: Wie oft habe ich mich vom Leben ungerecht behandelt gefühlt? Wie oft habe ich Misserfolge und Rückschläge gerade dann erlebt, wenn ich dachte, mein Allerbestes getan zu haben?

Jeder Mensch hat die Möglichkeit, den Klügeren wahrzunehmen, der in ihm steckt. Seine irdischen Taten lassen sich genau verfolgen und durch sie kann man auf seine innere Gesinnung rückschließen – genau wie man es mit seinen Mitmenschen macht. Man braucht sich nur die Ereignisse des eigenen Lebens in Erinnerung zu rufen, ganz besonders die, mit denen man am meisten gehadert hat. Den Klügeren kann man sich dann als einen Menschen vorstellen, der die vom gewöhnlichen Bewusstsein abgelehnten Ereignisse mit besonderer Dankbarkeit gewünscht und vorbereitet hat. Diese Schicksalsschläge, die sein kleinerer Bruder als besonders ungerecht empfunden hat, hat er als genau auf ihn zugeschnitten angesehen, weil dadurch vielleicht etwas Versäumtes nachgeholt oder neue Fähigkeiten erworben werden konnten.

Die Weisheitslehren in Ost und West stimmen in einem Punkt überein: Wenn ein Mensch sich intensiv mit diesem zunächst reinen «Gedankenmenschen» beschäftigt, wird er für ihn zur Wirklichkeit, lässt ihn bald nicht mehr los. Durch den Versuch, mit der dankbaren, positiven Gesinnung des Klügeren in mir ein schweres Ereignis in meinem vergangenen Leben noch einmal zu durchleben, mache ich früher oder später die Erfahrung, dass dieser Andere wirklich in mir vorhanden ist. Es steigt in mir so etwas wie eine Gefühlserinnerung von Dingen empor, die ich in vergangenen Zeiten vollbracht habe und aufgrund derer ich mir gerade jenes Ereignis als karmischen Ausgleich gewünscht habe, das jetzt eingetreten ist. Was zunächst ein bloßes Gedankenexperiment war, wird zu einer lebensverändernden Erfahrung. Ich versöhne mich mit meinem Schicksal und vor allem mit mir selbst. Ich beginne in allen äußerlichen Kämpfen Gleichnisse der Kämpfe zu sehen, welche die eine Seelenkraft in meinem Inneren unaufhörlich gegen die andere führt.

Die Frage, ob es möglich ist, die Annahme zu beweisen, dass in jedem Menschen ein Klügerer steckt, findet im Leben ihre Antwort. Obwohl der kluge Künstler in mir nicht sinnlich wahrnehmbar ist, können seine Taten in meiner Biografie objektiv verfolgt werden. Ich kann sie sachgemäß untersuchen, denn sie sind alle sinnlich wahrnehmbar geworden. Die Entscheidung, die jeder Mensch zu treffen hat, ist daher nicht, ob er die Annahme eines Klügeren bestätigen kann oder nicht, sondern ob er die Überzeugung gewinnt, dass die Ereignisse seiner Biografie nicht bloße Zufälle ohne Urheber sind, sondern bewusst geplante und sinnvolle Taten und Handlungen seines höheren Bewusstseins.

Freiheit ist nicht gleich Freiheit

Jeder hat in der Welt und in der Menschheit seine besondere Aufgabe. Keiner kann auf eine andere Weise glücklich sein als dadurch, dass er seine besondere Aufgabe erfüllt. Aber was den Menschen frei macht, ist seine Fähigkeit, durch das Denken seine Aufgabe zu erkennen und sie nicht unter Zwang, sondern aus Einsicht freiwillig zu erfüllen. Die Freiheit eines Menschen wird in dem Maße immer vollkommener, in dem er aus eigener Einsicht das für ihn selbst und für andere Notwendige tut.

Was wir Freiheit nennen, ist die Freiheit, die wir im gewöhnlichen Bewusstsein erleben – und das ist nur eine Freiheit der Willkür. Sie ist deshalb willkürlich, weil auch dort Freiheit gesehen wird, wo keine ist. Wenn ein Mensch durch Drogenkonsum seinen Körper gravierend schädigt, mag er wohl die Überzeugung haben, dass er das in Freiheit getan hat, nur merkt er vielleicht nicht, dass er mit dieser vermeintlichen Freiheit seine Handlungsfreiheit beträchtlich einschränkt. Der Mensch hat also auch die Freiheit, gegen seine Freiheit zu handeln. Er hat die Fähigkeit, freiwillig seine Freiheit zu beeinträchtigen.

Der Klügere im Menschen kennt aber eine höhere Freiheit, wofür es ein anderes Wort geben müsste, um sie nicht mit der bisher bekannten zu verwechseln. Man könnte sie vielleicht «Überfreiheit» nennen. Überfrei ist jemand, der die Freiheit nie dazu missbraucht, seine Freiheit zu schmälern. Er hat die Fähigkeit, immer das zu wählen, was seine Freiheit weiter fördert. Der Klügere ist darauf bedacht, seine Handlungsfreiheit unentwegt zu erweitern. Was seine eigene Entwicklung betrifft, so plant er eine Biografie und füllt sie mit genau den Schicksalsereignissen aus, die die besten Fähigkeiten aus ihm herauslocken. Und was die anderen Menschen betrifft, richtet der Klügere seine Entwicklung so ein, dass sie die Freiheit der anderen möglichst mitfördert. Außerdem setzt er sich freiwillig der Willkür seines kleineren Bruders aus und lässt ihn alles tun, was dieser in seiner bescheideneren Freiheit mit den Angeboten des Schicksals unternehmen kann.

Nehmen wir an, der Klügere in mir hat sich eine Krankheit ausgesucht, um durch das Ringen mit ihr gewisse Entwicklungsschritte zu vollziehen. Freiwillig setzt er sich dadurch der Willkür meines normalen Bewusstseins aus. Er lässt es offen, ob ich in meiner geringeren Klugheit das Beste daraus mache oder ob ich die Krankheit ablehne, weil ich in ihr nur ein Hindernis sehe. Je nachdem, wie der weniger Kluge auf die Angebote des Klügeren reagiert, behält sich der Klügere entsprechende Änderungen in seinem Gesamtplan vor.

Im ganzen Weltgeschehen zeigt sich das Zusammenwirken unterschiedlicher Wesen auf unterschiedlichen Bewusstseinsstufen. Wenn Eltern zum Beispiel ein Wochenende mit ihren kleinen Kindern planen, wären sie keine klugen Eltern, wenn sie nicht Kleinigkeiten in ihrem Plan offen lassen würden, um erst abzuwarten, wie die Kinder sich verhalten. Angenommen, die ganze Familie ist am Strand und das Wetter ist viel schöner als vorhergesehen. Die Kinder haben viel mehr Freude daran, als die Eltern vermutet hatten. Darum beschließen die Eltern, statt der geplanten zwei Stunden jetzt fünf Stunden zu bleiben. Auch hier spielen zwei verschiedene Bewusstseinsstufen miteinander, denn die Kinder haben noch nicht die Möglichkeit, in ihrem Bewusstsein ein ganzes Wochenende auf einmal zu überschauen.

Der Unterschied zwischen dem Klügeren in mir und mir selbst liegt gerade darin, dass sein Bewusstsein einen viel größeren Umfang hat als meines. Mit ihm verglichen bin ich wie ein kleines Kind, das nur im Jetzt lebt. Doch so wie kluge Eltern viele Einzelzüge offen lassen, so lässt mein Klügerer sich ebenfalls Raum für Entscheidungen, die er erst nach Wahrnehmung meines Verhaltens treffen will. Aber es bleibt trotzdem insgesamt bei seinem Plan, genauso wie es trotz all der Änderungen um der Kinder willen bei dem Plan der Eltern bleibt.

Das Schicksal eines Menschen ergibt sich aus der Art und Weise, wie seine zwei Bewusstseinsebenen miteinander spielen. Je unsinniger das normale Bewusstsein reagiert, je öfter es aus den Angeboten des Schicksals nichts Gutes macht, desto mehr wird der Klügere genötigt, vielleicht die Dosierung des Leidvollen zu verstärken. Genauso machen es auch gute Eltern ihren Kindern zuliebe.

Unsere Freiheit ist die Fähigkeit der Wahl zwischen Gut und Böse. Gut ist für den Menschen vor allem das, wodurch er immer freier wird. Böse ist all das, was ihn ein Stück unfreier macht. Die innere Freiheit ist der umfassende moralische Maßstab des Guten und des Bösen. Die Freiheit der Wahl zwischen Gut und Böse bedeutet also die Möglichkeit, sich in jedem Handeln entweder ein Stück freier oder unfreier zu machen. Diese spezifisch menschliche Freiheit ist unvollkommen, weil sie immer auch die Möglichkeit hat, sich zu gefährden oder verloren zu gehen. Denn sie beinhaltet ja auch die Fähigkeit, in die Unfreiheit zu geraten.

Es muss also noch eine höhere Stufe der Freiheit geben, wo diese so vollkommen wird, dass der Handelnde – und genau das ist der Klügere im Menschen – «überfrei» ist, weil er niemals etwas tut, was seine Freiheit mindert. Statt der Freiheit der Wahl zwischen Gut und Böse hat er die Freiheit der Wahl zwischen Gut und Gut. Auch im Guten gibt es unendliche Möglichkeiten der Wahl: Man wählt dabei in jedem Fall die Freiheit; man wählt zwischen verschiedenen Handlungen, die alle die Freiheit bestätigen und verstärken können.

Logisch weitergedacht muss es auch noch eine dritte, untere Ebene der Freiheit geben, eine Art «Unterfreiheit». Hier wird nur gewählt zwischen schlimm und schlimmer. In Goethes *Faust* ist das die Aufgabe des Mephistopheles, der von sich sagt: «Ich bin ein Teil von jener Kraft, die stets das Böse will und stets das Gute schafft.» Er hat nur die Freiheit der Wahl zwischen Böse und Böse. Er würde aus der Rolle fallen, wenn er irgendwann auch etwas Gutes für den Menschen wählte. Seine Aufgabe ist, dem Menschen immer nur das anzubieten, was ihn in die Unfreiheit hineinbringt. Solche geistigen Wesen sind auch notwendig, denn sonst hätte die Freiheit nicht die Möglichkeit, das Böse zu wählen oder sich dagegen zu wehren. Sogar Mephistopheles rechnet mit einem Klügeren, der aus seinen bösen Streichen am Ende doch «stets das Gute schafft».

IV Die Güte des Schicksals: Leid muss nicht erlitten werden

Wenn es einem Menschen gut geht, hat er wenig Anlass, sich mit den Fragen des Schicksals zu beschäftigen. Er hat genug zu tun und ist zufrieden. Das ist einer der Gründe, warum viele der Meinung sind, dass das Leiden bei ihnen nichts zu suchen hat. Sie sind gleich beleidigt, wenn sie leiden müssen und empören sich über dieses große Unrecht. Es gehört zu den eingefleischten Überzeugungen einer Lebensweise, die auf äußerliche Annehmlichkeiten ausgerichtet ist, dass das Glück des Lebens in der Abwesenheit aller Schmerzen und Leiden besteht.

Aber das Leiden meldet sich dann doch immer wieder – meistens ganz unangekündigt. Ein Leben ganz ohne Schmerz scheint nicht möglich zu sein, früher oder später wird man doch dazu gebracht, sich über das Leid Gedanken zu machen und über den Sinn des Schmerzes nachzusinnen. Dann macht man vielleicht die Erfahrung, dass es nicht leicht ist, dem Leiden eine gute Seite abzugewinnen – denn das Leid kann nur dann sinnvoll werden, wenn man selbst den Sinn in das Leiden hineinbringt.

Jeder Mensch kann bei sich folgende Beobachtung machen: Jedes Mal, wenn ich das Leiden nicht erleiden will, verdopple ich es in Wirklichkeit, statt es loszuwerden. Einmal erleide ich, was ich durchstehen muss, und einmal leide ich darunter, dass ich keinen Sinn darin finde und mich dagegen auflehne. Wenn es mir gelingen würde, dem Leid einen menschenfreundlichen Sinn abzugewinnen, würde ich nicht mehr darunter leiden, dass ich das Leid nicht erleiden will. Ich könnte auf diese Weise das Leiden beträchtlich vermindern. Ich könnte es sogar mit Dankbarkeit willkommen heißen in der Überzeugung, dass es mich in meiner Entwicklung weiterbringt.

Man kann nicht sagen, dies sei eine feige Resignation, denn das Gegenteil ist wahr: Um eine bejahende Haltung dem Leid gegenüber sich zu erringen, braucht man eine viel größere innere Anstrengung, als wenn man sich dem instinktiven Ärger gegen alles Leid überlässt. Die Auflehnung kommt ganz von selbst, nicht aber die Bemühung, einen Sinn darin zu sehen und das Beste daraus zu machen. Dazu gehört Mut und Willenskraft.

Wenn ein Mensch, den ich nicht besonders schätze, einen Unfall oder eine Krankheit erlebt, denke ich spontan an seine Vergangenheit und sage mir: Er wird es wohl verdient haben, es geschieht ihm irgendwie recht. Das genaue Gegenteil denke ich, wenn der Unfall oder die Krankheit mich trifft. Meine Empörung, meine innere Auflehnung wollen der ganzen Welt klarmachen, dass ich nichts in mir finde, was irgendwie dieses Leid verdient hätte, und dass mir ein großes Unrecht widerfährt.

Diese Beobachtung kann zu einer überraschenden Entdeckung führen: Der Mensch ist niemals so frei, wie in seiner Art, sich dem Leiden zu stellen. Eine bejahende, den positiven Sinn verwirklichende Haltung kommt nie von selbst. Sie kann immer nur aus der innersten Initiative heraus entspringen. Nichts, rein gar nichts auf der Welt zwingt mich dazu oder hilft mir dabei, das Leiden als besondere Chance für meine Weiterentwicklung aufzufassen und mich dementsprechend zu verhalten. Wenn ich mich ganz freiwillig dazu entschließe, erübrigt sich für mich die theoretische Erörterung darüber, ob es die Willensfreiheit gibt oder nicht. Ich erlebe sie in ihrer deutlichsten Wirksamkeit, ich spüre die Kraft, die sie mir verleiht, ich sehe, wie sie mein Leben besser, glücklicher und hoffnungsvoller macht.

Ich erlebe meine Freiheit am tiefsten, wenn ich mir die zwei Grundeinstellungen ganz bewusst mache, die ich dem Leiden gegenüber einnehmen kann. Die eine sieht das Leiden als Folge meines Verhaltens in der Vergangenheit, als ein Verhängnis oder sogar als Strafe, der ich unterliege. Die andere Einstellung ist genau umgekehrt, sie ergibt sich nicht von selbst wie die erste, sie kommt nicht spontan, sondern sie kann nur durch Selbstüberwindung errungen werden. Sie schaut auf die Zukunft, auf die Begabungen, die nur das Leiden aus einem herauslocken kann. Gerade in der tätigen Selbstüberwindung erlebt der Mensch die größte Freiheit, weil sie nur durch eine immer neu zu treffende freie Entscheidung ausgeübt werden kann.

Ist das Wunschdenken? Ist es Autosuggestion? Mag sein, aber auf jeden Fall ist es viel klüger und fruchtbarer, als daran zu verzweifeln, dass das Leiden sinnlos und ungerecht ist. Es gibt keine objektivere Wirklichkeit im Menschen als die Gedanken, die er denkt. Wer gute Gedanken denkt, dem geht es gut; wer ungute Gedanken denkt, dem geht es schlecht.

In der Bibel warnt Gott den Menschen davor, vom Baum der Erkenntnis zu essen: «Dein Schicksal als Mensch, deine göttliche Berufung zum individuellen Schöpfertum durch eigenes Denken und freies Wollen kann nicht ohne Schmerz, kann nicht ohne Leiden erfüllt werden. Du wirst mit Schmerzen deine Kinder gebären, du wirst die Angst des Todes erleben müssen.»

Die drei Quellen des Leides in der germanischen Mythologie

Die nordisch-germanische Mythologie, nicht weniger reich und tief als die griechische, sieht das Leiden als eine Notwendigkeit der Entwicklung. In der Auseinandersetzung mit dem Leiden hat der Mensch die Möglichkeit, alle positiven Kräfte seiner Natur auszuüben, alle seine Veranlagungen weiter auszubilden. So werden die drei Quellen des Leides auf die drei Kinder Lokis zurückgeführt: Loki ist im Norden der Lichtbringer, der Eroberer von Eigenerkenntnis und Freiheit. Sein Name ist mit dem lateinischen «lux», dem Licht, verwandt. Er bringt das prometheische Feuer der Freiheit durch seine drei Kinder: die Midgardschlange, den Fenriswolf und die finstere Hel.

Was bedeutet es, wenn Loki den Menschen die Midgardschlange bringt? Sie ist die Schlange, die Midgard, den Garten der Mitte umschlingt und sich dabei in den Schwanz beißt. Der Garten der Mitte ist ganz offensichtlich der Mensch selbst: Er steht in der Mitte zwischen

Geist und Natur und hat die Aufgabe, sie miteinander in Harmonie zu bringen. Dazu muss er aber zu einem selbständigen Wesen werden, er muss selbständig denken und wollen lernen, er muss «sich in sich selbst abschließen» – genau wie eine Schlange, die sich in den Schwanz beißt. Mit anderen Worten: Die Midgardschlange stellt alle Kräfte des Egoismus, der Selbstbezogenheit dar. Diese Abkapselung ist notwendig, um selbständig zu werden, aber sie wird auch zu einer Quelle des Leidens, weil der Egoismus die Menschen voneinander trennt und zum ewigen Streit gegeneinander aufreizt. Sich zu bemühen, den Egoismus in sich zu überwinden, ist leidvolle Selbstüberwindung und bedeutet Schmerz. Aber wenn die Menschen diesen Schmerz nicht erleiden wollen, müssen sie wesentlich mehr unter dem nicht überwundenen Egoismus leiden.

Etwas Ähnliches gilt für das zweite Kind Lokis, für den Fenriswolf. Von dem wird gesagt, dass er der Sonne nachstellt, sie immer wieder angreift und beißt, sie sogar Stück für Stück frisst (was man damals in den Sonnenflecken zu erkennen glaubte). Die Sonne hat mit unserer Erkenntnis zu tun: Sie bescheint und beleuchtet alle Dinge, die so unseren Sinnen für die Wahrnehmung angeboten werden. Also verfinstert der Fenriswolf mit seinem Angriff auf die Sonne zunehmend die Erkenntnis, denn die Sonne sorgt mit ihrem Licht erst dafür, dass die Dinge für die Menschen erkennbar werden.

Dieser Mythos lässt sich so deuten: Der Egoismus (Midgardschlange) bringt mit sich die Irrtumsfähigkeit

(Fenriswolf): Er trübt die Wahrnehmung, er fälscht das Denken, weil der Mensch alles subjektiv statt objektiv sieht, alles nur von seinem persönlichen Gesichtspunkt aus und vor allem im Hinblick auf seinen eigenen Nutzen. Diese Haltung, durch welche die Wahrheit egoistisch gefärbt wird, ist ein zweiter Quell des Leidens: Wie viele Kriege sind schon im Namen der eigenen Religion oder Nation geführt worden!

Und das dritte Kind Lokis, die finstere Hel – die Ahnin der Hölle –, ist die Welt der Natur, der dunklen Materie. Es sind die Instinkte, die nicht von der Erkenntnis geläutert werden. Wenn der Mensch in bloßer Triebhaftigkeit aufgeht, wird er unmenschlich. Er wird darunter leiden, dass er nicht erlebt, was dem Menschen am meisten Freude macht – die Entwicklung der Seele und des Geistes. Und er wird auch bei anderen Menschen viel Leid verursachen, wenn er nur in seiner dunklen Triebhaftigkeit befangen bleibt.

Die Auseinandersetzung mit der finsteren Hel bedeutet: Um sich von allen anderen Wesen zu unterscheiden, um selbständig zu werden, muss sich der Mensch ganz mit dem Körper verbinden, mit ihm eins werden, denn nur in der Materie gibt es restlose Trennung voneinander. Das tiefe Miterleben des Schicksals des Körpers – der Welt von Hel – bringt alle Arten von Krankheit und die schmerzhafteste aller Erfahrungen, den Tod.

Erkenntnisurteil und moralisches Urteil

Wenn ich eine Lebenslage als ungünstig für mich einschätze, fälle ich kein Erkenntnisurteil, sondern ein moralisches. Ich behaupte, dass es besser wäre, wenn die Lage anders wäre; ich unterstelle, dass die Lage anders sein sollte. Ein Erkenntnisurteil ist eine Feststellung dessen, was vorhanden ist. Es will sachlich und objektiv sein. Ein moralisches Urteil befindet dagegen über das, was nicht vorhanden ist, was erst sein soll oder nicht sein soll. Ähnliches gilt, wenn ich in Bezug auf den Menschen von «normal» oder «nicht normal» rede. Normalität oder Nicht-Normalität sind niemals objektive Erkenntnisurteile, niemals eine Feststellung des objektiv Vorhandenen. Sie sind moralische Urteile.

Aber wer oder was legt die Norm des Normalen fest? Von Norm kann ich nur reden, wenn ich mir vorstelle, wie jemand sein sollte. Wenn ich aber keine moralischen Urteile über Menschen fällen würde, sondern nur objektive Erkenntnisurteile, würde ich niemals von «normal» oder «anormal» reden können. Jeder wäre einfach so, wie er ist. Ich bräuchte keinen allgemein gültigen Maßstab, ich würde jedes Individuum als Einzelerscheinung, als einzigartiges, einmaliges Phänomen betrachten. Ich würde einsehen, dass man Menschen nicht miteinander vergleichen kann, weil Menschen nicht miteinander vergleichbar sind. Gibt es vielleicht normale und nicht normale Rosen? Ist die Rose, deren Wachstum im Süden üppiger ist, mehr oder weniger normal als die Rose, die im kalten Norden nur einen kleinen Wuchs aufweist? Ist die Rose, verglichen mit der Lilie, normal oder nicht?

Auch das Leiden ist nur für denjenigen negativ, der es als nicht normal, als Störung bewertet. Er will das Leiden nicht erleiden, weil er der Überzeugung ist, dass es nicht sein sollte. Ein Leben ohne Leiden wäre besser, so meint er, als ein leidvolles. Jeder hat aber auch die Möglichkeit, das Leid als fördernd zu erleben, wenn es tiefere Kräfte und beglückendere Fähigkeiten erzeugt als ein leichtes Leben. Nur unter der Voraussetzung, dass ich das moralische Urteil fälle, Leiden sollte nicht sein, werde ich das Leiden erleiden müssen und mir verbieten, die fördernde Seite des Leidens zu erkennen und zu verwirklichen. Doch das ist keine objektive Feststellung, sondern es ist ein moralisches Urteil, das verordnen will, dass es besser wäre, ein Leben ohne Leid zu führen.

Eine solche Unterstellung könnte nur dann hilfreich sein, wenn sie objektiv zuträfe. Ich müsste dann beweisen können, dass Menschen umso glücklicher sind, je weniger sie leiden. Das lässt sich aber keineswegs nachweisen. Denn ein Mensch ist nie unglücklich aufgrund dessen, was ihm geschieht – wie leidvoll auch immer –, sondern er ist unglücklich, wenn er nur Negatives in seiner Lage sieht oder nichts Gutes daraus machen kann. Umgekehrt ist es genauso: Keiner ist glücklich aufgrund dessen, was ihm geschieht – wie vorteilhaft auch immer –, sondern nur dank seiner positiven Einschätzung dieser Geschehnisse und vor allem dank der entsprechenden Haltung ihnen gegenüber.

In jeder Lage ist es möglich, nur Hindernisse zu sehen – wenn man nur auf das schaut, was sie verhindert. In jeder Lebenslage ist vieles nicht möglich, aber vieles wiederum möglich. Glücklich ist nicht derjenige, dem sich mehr Türen öffnen, sondern derjenige, der mehr Türen öffnen kann.

Es ist mit dem Leiden ähnlich wie mit der dreifachen Notwendigkeit: Der eine sieht in der Allmacht Gottes, der Natur und des Karmas eine dreifache Verhinderung seiner Freiheit; der andere sieht darin umgekehrt eine dreifache Grundlage, die die Ausübung seiner Freiheit erst möglich macht. Der eine schaut mehr auf die Vergangenheit, der andere mehr auf die Zukunft. So ist es auch mit dem Leid: Der eine sieht im Leiden nur eine Wirkung der Vergangenheit und fragt nach dem Woher; der andere sieht darin eine Chance für die Zukunft und fragt nach dem Wohin und dem Wozu.

Leid als Chance zur Entwicklung

Vielen Menschen geht es äußerlich gut, sie leben im Wohlstand und führen ein angenehmes Leben – und trotzdem sind sie alles andere als glücklich. Irgendetwas nagt innerlich an ihnen. Sie denken über den Sinn des Lebens nach und fragen sich, warum sie traurig oder depressiv sind, obwohl ihnen doch nichts fehlt von dem, was sich jeder für ein glückliches Leben wünscht. Wer käme auf den Gedanken, dass die Ursache ihres Unglücks darin liegt, dass sie sich das Leben einfach zu bequem eingerichtet haben. Zu bequem heißt: Sie sind innerlich unterbeschäftigt und bekommen nicht genügend Herausforderungen für die innere Weiterentwicklung.

Es ist ein offenes Geheimnis des Menschenschicksals: Die Fixierung auf äußerlichen Wohlstand bringt das Innere zum Stillstand und macht den Menschen trübsinnig. Er kann nur dann glücklich sein, wenn er eine gewisse Spannung der Gemütskräfte erlebt, und dies ist wiederum nicht ohne ein gewisses Maß von Widerständen und Schwierigkeiten möglich. Deshalb gibt es keinen besseren Erzieher für den Menschen als den Schmerz. Das moralische Gewicht eines Menschen hängt ganz davon ab, wie und wie viel er gelitten hat.

Wie ist es aber mit den Fortschritten der Medizin? Ist es nicht ihre Aufgabe, sogar ihre Pflicht, so viele Krankheitsursachen wie möglich zu beseitigen? Und wenn sich Krankheiten schon nicht ganz vermeiden lassen, so sollte doch die Medizin alles tun, damit die Heilung möglichst schnell und in möglichst vielen Fällen eintritt. Ein gesundes Empfinden sagt jedem, dass es gut ist, wenn er alles tut, um das Leiden der anderen zu lindern, wo er nur kann. Eine objektive Erkenntnis der Gesetze des Karmas – des Entwicklungswillens des Klügeren im Menschen – kann dieses gesunde Empfinden noch wesentlich vertiefen.

Wenn ein Mensch eine Krankheit durchlebt, ist der Wille des Klügeren immer ihre Überwindung, also die Heilung. Aber nicht die zum Abschluss gebrachte Krankheit ist ihr eigentlicher Sinn, denn sonst wäre es sinnvoller, wenn sie erst gar nicht aufträte. Worauf es ankommt, was den Menschen weiterbringt, ist das Ringen mit der Krankheit, die Anstrengungen, die der Kampf gegen sie mit sich bringt. Während der Krankheit ruft der Mensch seine besten Kräfte hervor, wendet sie an und verstärkt sie. Der Abschluss der Krankheit, die Heilung, ist lediglich das Ende dieses Ringens. Dieses Ende ist nur sinnvoll, nachdem genug gekämpft worden ist. Und genug heißt: nicht zu viel und nicht zu wenig. Beim Essen ist es genauso: Das Sattsein ist nicht der Tatsache zu verdanken, dass man aufhört zu essen, sondern dass man genug gegessen hat, nicht zu wenig und nicht zu viel.

Das Ringen mit dem Leiden ist die wichtigste Nahrung der Seele. Ihre Gesundheit wird nicht dadurch gefördert, dass man sich alles Leiden erspart: Das würde ihr geradezu die Nahrung entziehen. Und andrerseits braucht sich kein Mensch darum zu sorgen, dass er nicht genügend Leiden erfährt, keiner muss sich künstlich noch mehr Schmerz verschaffen, als das Leben ihm bietet. Wenn jeder genau das Leid willkommen heißen könnte, das ihm sein Schicksal entgegenbringt, wenn er nicht das meiste davon zurückwiese, hätte jeder reichlich genug.

Das vom Karma geschenkte Leiden ist immer das richtige Maß zur richtigen Zeit, weil es von dem Klügeren im Menschen ausgewählt wird. Das willkürlich zugezogene Leiden ist immer das falsche, weil es von einem Bewusstsein ausgesucht wird, das noch nicht überblicken kann, was ihm gut tut und was nicht. Ein Mensch kann sehr darunter leiden, dass er sich einbildet, besser als die Weisheit des Karmas zu wissen, was für ihn gut ist. Die richtige Ergebenheit in das eigene Karma ist die einzige Art, nicht mehr und nicht weniger leiden zu müssen, als gut ist.

Die Fortschritte der Medizin sorgen nun aber dafür, dass Krankheiten, die jahrtausendelang die Menschheit geplagt haben, nicht mehr auftreten. Hier stellt sich die karmisch bedeutsame Frage: Könnte es sein, dass sich mancher in seinem klügeren Bewusstsein das Ringen mit einer gewissen Krankheit gewünscht hat und nun enttäuscht ist, weil es diese Krankheit nicht mehr gibt? So paradox diese Frage klingt, so ernst ist sie zu nehmen, denn viele Menschen werden trotz aller äußerlichen Annehmlichkeiten des Lebens (die sie auch den Fortschritten der Medizin verdanken) zunehmend unglücklich, schwermütig und trübsinnig. Und niemand kann ihnen sagen, woher diese Unzufriedenheit kommt.

In seinen Vorträgen über «Die Offenbarungen des Karma» führt Rudolf Steiner Folgendes aus: Weil in der westlichen Kultur das Individuum nicht weniger als die Gemeinschaft gewürdigt werden soll, weil die Autonomie und die Verantwortung des Einzelnen besonders hervorgehoben werden, wird jedem Einzelnen auch mehr zugetraut und zugemutet. Dank der Fortschritte der Medizin hört das allgemeine Menschheitskarma auf, ihm gewisse Krankheiten als Entwicklungschancen entgegenzubringen, gerade weil er die Kraft finden kann, aus eigener Initiative einen individuellen Ersatz dafür zu finden. Eine Krankheit enthält als körperliches Phänomen vieles, was in seiner Naturgesetzlichkeit für alle Menschen gleich ist. Bei zunehmender Individualisierung wünscht sich der Klügere im Menschen auch zunehmend individualisiertes Leiden, und dies heißt vor allem: ein frei gewähltes, auf die eigene Person zugeschnittenes Leiden.

Es gehört also zum guten Karma der modernen Menschheit, dass viele Krankheiten nicht mehr auftreten. Nur besteht der Sinn nicht in einem Leben ohne Leid, das die Menschen innerlich immer träger und unglücklicher machen würde. Nein, der Einzelne kann für das Fehlen vieler Krankheiten einen Ersatz finden, der auf ihn persönlich zugeschnitten ist und der von ihm freiwillig gewählt wird.

Der Fortschritt der Menschheit besteht gerade darin, dass das Leiden immer weniger durch die Nötigung der Natur zustande kommt – durch körperliche Krankheiten – und immer mehr durch das innere Mitleiden der Seele im Miterleben der Hoffnungen und Enttäuschungen, der Siege und Niederlagen, die im Streben nach den höchsten Idealen des Daseins durchlebt werden dürfen. Kein Mensch kann wahrhaft glücklich sein, der innerlich zu wenig Freude und Schmerz erlebt hat. Die körperliche Gesundheit, der materielle Reichtum bringen von selbst keinen inneren Reichtum hervor. Die innere Armut, das Unglück der Seele, kann nur durch die innere Entwicklung jedes Einzelnen überwunden werden. Wer alle Menschheitsangelegenheiten zu seinen innersten Herzensanliegen macht, wird sicher darunter leiden müssen – im Angesicht der Abgründe der Unmenschlichkeit –, aber auch im Streben nach den höchsten Idealen viel Freude erleben dürfen.

Rudolf Steiners Erkenntnisse über den karmischen Sinn des Leidens sind ein Hinweis auf den Weg, durch den das innere Unglück unzähliger Menschen in Glück verwandelt werden kann: «Die Seelen, welche auf diesem Wege heute in gesundheitlicher Beziehung gerettet werden, werden also dazu verurteilt, in einer anderen Weise diesen karmischen Ausgleich zu suchen. [...] Indem ihnen durch ein gesünderes Leben größere physische Annehmlichkeit bereitet wird, indem ihnen das physische Leben erleichtert wird, wird die Seele dadurch in der entgegengesetzten Weise beeinflusst; sie wird so beeinflusst, dass sie nach und nach eine gewisse Leerheit, eine Unbefriedigtheit, eine Unerfülltheit empfinden wird. Und wenn es so fortgehen würde, dass das äußere Leben immer angenehmer, immer gesünder würde, wie man es nach den allgemeinen Vorstellungen im rein materialistischen Leben haben kann, dann würden solche Seelen immer weniger Ansporn haben, in sich selber weiterzukommen. Eine Verödung der Seelen würde in gewissem Sinne parallel einhergehen. [...] In kaum einem Zeitalter hat es so viele Menschen gegeben, welche in so angenehmen äußeren Verhältnissen leben, aber mit öden, unbeschäftigten Seelen einhergehen, wie es heute der Fall ist. Diese Menschen eilen darum von Sensation zu Sensation; dann, wenn das Pekuniäre reicht, reisen sie von Stadt zu Stadt, um etwas zu sehen, oder wenn sie in derselben Stadt bleiben müssen, eilen sie jeden Abend von Vergnügen zu Vergnügen. Die Seele bleibt aber darum doch öde, weiß zuletzt selber nicht mehr, was sie aufsuchen soll in der

Welt, um einen Inhalt zu bekommen. Namentlich wird durch ein Leben in rein äußeren, physisch annehmlichen Zuständen der Hang erzeugt, nur über das Physische nachzudenken. [...] So werden die Seelen leidender, während das äußere Leben gesünder gemacht wird.»

Diese Gedanken Steiners legen die Frage nahe: Ist das Auftreten neuer Krankheiten wie Aids vielleicht ein Zeichen dafür, dass im Hinblick auf eine individualisierte Vollbeschäftigung der Seele viel versäumt worden ist?

Schicksal des Einzelnen und Karma einer Gruppe

Wie ist das Schicksal des einzelnen Menschen mit dem der anderen verknüpft? Welche Verbindungen gibt es zum Schicksal der engeren Familie, einer größeren Gemeinschaft oder einer ganzen Kultur? Einzelkarma und Gruppenkarma: Wie passt das zusammen? Auch bei dieser Frage spielt das Leiden eine wichtige Rolle, weil der Einzelne den Eindruck gewinnen kann, dass er das Karma einer Gruppe als etwas erleiden muss, was nicht zu ihm gehört, was ihm von außen aufgedrängt wird. Wird dem Individuum damit nicht unrecht getan?

Solange es einem Menschen gut geht, bemerkt er nicht, wie viel Förderndes er der Tatsache verdankt, dass sein Schicksal durch unzählige Fäden mit dem anderer Menschen verknüpft ist. Jeder genießt das gemeinsame Karma einer Gruppe meistens viel mehr, als er es erleidet.

Wenn jemand entscheidet, in einer Firma mitzuarbeiten, dann bestimmt nicht mit der Absicht, darunter nur zu leiden. Er schaut vielmehr auf die Vorteile, die ihm daraus erwachsen sollen. Aber das Vorteilhafte einer Gruppe bleibt meistens unbemerkt, so wie die Gesundheit weniger auffällt als die Krankheit. Man betrachtet die empfangene Förderung als selbstverständlich und richtet das Augenmerk überwiegend auf die eigenen Forderungen.

Die gemeinsame Sprache eines Volkes – die Muttersprache – prägt zum Beispiel ganz entscheidend das Schicksal des Einzelnen. Nur macht man sich selten bewusst, wie viel Glück jeder durch seine Muttersprache erlebt. Durch sie hat der Mensch überhaupt erst das Denken gelernt und dank der Sprache kann er sich den anderen und diese sich ihm mitteilen.

Wenn jedoch das Gruppenkarma leidvoll wird, wird es nicht nur sofort bemerkt, sondern auch sehr schnell als Unrecht empfunden. Was hat der einzelne Insasse bei einem Flugzeugabsturz mit diesem technischen Unglück zu tun? Wie ist der Tod der Passagiere der Titanic im Schicksal jedes Einzelnen begründet? Ein Staat führt Krieg gegen einen anderen und vom Einzelnen wird verlangt, dass er bereit ist, sein Leben für diesen Staat zu opfern. Kann es in der Weisheit des Karmas begründet sein, dass ein Individuum für die Gruppe geopfert wird? Wo eine ethnische Gruppe die andere bekämpft, werden Frauen vergewaltigt, wird Kindern unsägliches Leid zugefügt – ist das alles im Karma des Individuums begründet? Alles vom Klügeren für jeden so gewollt?

Um sich einen Eindruck davon zu verschaffen, wie klug das Einzelschicksal mit dem gemeinsamen Schicksal verwoben ist, braucht man nur darauf zu schauen, wie im Alltag ein gemeinsames Unternehmen – zum Beispiel das Bauen einer Eisenbahnstrecke – zustande kommt. Man plant gemeinsam, man einigt sich über den Beitrag der einzelnen Beteiligten, und es wird etwas in die Tat umgesetzt, was kein Einzelner allein durchführen könnte. Natürlich kann man nicht jede kleinste Einzelheit voraussehen. Das ist aber auch nicht nötig, denn eine Zusammenarbeit von vernünftigen Menschen wird gerade dadurch möglich, dass jeder die Fähigkeit hat, dem Unvorhergesehenen, dem Zufälligen, so zu begegnen, dass es wiederum dem Ganzen dient.

Der Klügere in jedem Menschen weiß sehr wohl, worauf er sich einlässt, wenn er sich für die Beteiligung an einem Gruppenkarma entscheidet. Ihm kann es unter Umständen darum gehen, durch das Opfern des eigenen Lebens etwas Gutes zu retten – zum Beispiel die eigene Gruppe –, wenn es für die Menschheit unverzichtbar ist. Keiner kann einem Menschen verbieten, das eigene Leben für das Leben einer Gruppe zu opfern, ganz gleich, ob es sich um seine Freunde, seine Familie oder sein Volk handelt. Die Anteilnahme am gemeinsamen Karma hat aber nicht nur für das Ganze ihre Folgen, sondern vor allem für den Einzelnen. Und was für den Einzelnen aus dem gemeinsamen Karma folgt, ist nicht weniger unterschiedlich und individuell als die Art und Weise der innerlichen und äußerlichen Beteiligung daran.

Angenommen, jemand sucht für seine innere Weiterentwicklung eine Leidensgelegenheit, um gewisse schwere Versäumnisse in der Vergangenheit wieder wettzumachen. Vielleicht hat er beschlossen, sich am Leiden eines Volkes zu beteiligen, um das eigene Weiterkommen und das der anderen gleichermaßen zu fördern. Aber nicht jeder, der unter einem Gruppenkarma leidet, tut dies hauptsächlich aufgrund vergangener Schuld. Das Mit-Leiden mit anderen *darf* auch uneigennützig sein, es darf auch aus Nächstenliebe erfolgen.

Wahre Liebe wird immer als Gegenliebe erlebt. Derjenige, der starke Liebeskräfte in sich trägt, wird ein Bewusstsein davon haben, dass er in der Vergangenheit mehr als andere empfangen hat, weil die anderen ihm die Möglichkeit gegeben haben, in der Entwicklung voranzuschreiten. Er *darf* jetzt Liebe mit Liebe vergelten, er darf seine dankbare karmische Schuld dadurch ausgleichen, dass er weniger auf Gegenliebe angewiesen ist, weil sie ihm schon bei der Vergangenheit erwiesen wurde.

Im Zusammenhang mit dem Leiden anderer taucht immer wieder die Frage auf: Darf ich dem anderen helfen? Darf ich in sein Karma eingreifen? Wäre nicht jede Hilfe eine unbefugte Einmischung in etwas, was der andere verdient, sogar gewollt hat, und was er für seine weitere Entwicklung braucht?

Natürlich ist jeder Mensch auf die anderen angewiesen, wie ein Organ auf den gesamten Organismus. Das gemeinsam durchlebte Karma ist nichts anderes als eine gegenseitige Hilfe auf allen Ebenen. Ich darf dem anderen nicht nur in der Überwindung einer Krankheit helfen, sondern ich soll es sogar, wenn ich kann. Denn was heißt hier helfen? Es heißt nicht, dafür zu sorgen, dass die Krankheit verschwindet und dem anderen als Entwicklungschance entzogen wird. Es heißt vielmehr, dem anderen im Ringen um die Überwindung zu helfen. Wo Anfang und Ende eines Leidens liegen sollen, kann das gewöhnliche Bewusstsein nur begrenzt überblicken. Die Art und Weise des Umgangs mit dem Leiden ist aber ganz und gar der Freiheit des Menschen anheim gestellt. Diese Freiheit ist vielfach von der Freiheit anderer abhängig, vor allem von deren freiwilliger Hilfe.

Die griechische Tragödie und das Ringen mit dem Tod

Das Karma eines Menschen ist die Aufgabe, die er in der Menschheit hat. Jedes Zeitalter in der Entwicklung der Menschheit hat seine eigene Aufgabe, so wie jede neue Phase im Leben eines Menschen ihm die Kräfte und die Gelegenheiten bietet, sich neue Fähigkeiten anzueignen. Das Schicksal einer Epoche sind die besonderen Entwicklungschancen, die den in ihr lebenden Menschen angeboten werden. Die kulturellen Bedingungen, in denen wir heute leben, locken ganz andere Fähigkeiten aus dem Menschen hervor als zum Beispiel die kulturellen Bedingungen im Mittelalter.

Jedes Zeitalter hat eine zentrale Aufgabe, ein Hauptziel, und vieles muss deshalb als Mittel zu diesem Zweck verstanden werden. Die griechisch-römische Kultur hatte zum Beispiel mit dem Rätsel des Todes zu ringen. Aus kaum einer anderen alten Kultur sind uns so viele Zeugnisse von Sinnenfreude und Lebensbejahung überliefert wie von den Griechen. Nicht etwa der «Doktor», der kluge Kopf, oder der «Rhetor», der gute Redner, galt als Urbild des Menschen, sondern der «Gymnast», der körperlich Tüchtige. Die griechische Tragödie dokumentiert die unendliche Trauer, mit der ein Grieche den Tod betrachtete, den notwendigen Verlust des Kostbarsten, was es für den Menschen gibt: seinen Körper, die Welt der Natur und der Erde schlechthin. Die Griechen waren der Meinung, dass der Mensch ohne seinen Körper nach dem Tode nur ein Schattendasein führt. Das berühmte Wort des Achilleus an Odysseus, der ihn in der Unterwelt besucht, trifft im Kern den Charakter einer ganzen Kultur: «Besser ein Bettler auf der Erde als ein König im Reich der Schatten.»

Wenige Jahrhunderte später hatte sich das Schicksal der Menschheit weiterentwickelt und das Christentum brachte die Lösung des Rätsels vom Tode. Es war keine theoretische Antwort, denn das Christentum ist keine Theorie, sondern eine Tat, die weitere Tatsachen schafft und Mensch und Erde mit Kräften erfüllt, die jeden Tod in einen Neubeginn – man nennt ihn Auferstehung – verwandeln können.

Christentum ist dort zu Hause, wo die Gewissheit lebt, dass es auch im Geist der gesamten Menschheit einen

«Klügeren» gibt, der in den Augen vieler sich klug dünkender Menschen als der größte «Tor» gilt. Seine Torheit besteht darin, dass er auf alle irdische Macht verzichtete und für sich freiwillig den Tod wählte, um das wahre Wesen des Todes zu zeigen: das Selbstopfer des Vergänglichen in der Hoffnung auf Auferstehung im ewigen Geist des Menschen.

Was die griechische Philosophie ersehnt hatte – die Unsterblichkeit des Menschen –, wurde dadurch Tatsache. Das Christentum wurde jedoch vor allem in den letzten Jahrhunderten vom Siegeszug der Naturwissenschaft und der Technik völlig eingeschüchtert. Es fühlt sich zunehmend von seiner eigenen «Tatsache» überfordert und versteckt seine Verlegenheit in den ungestörten Winkeln des privaten Lebens. Auch dies ist nicht zufällig, denn es gehört zum weisheitsvollen Schicksal der Menschheit, dass das Christentum selbst einen Tod und eine Auferstehung durchgehen muss. Es muss als kulturell vorgegebene, dem Einzelnen nur von der Gruppe übermittelte Tatsache absterben, um zur frei vollzogenen Tat jedes Einzelnen werden zu können. Der Tod des Christus war die freieste Tat, die es je auf Erden gab. Es liegt in seiner Natur, dass es keine historischen Beweise dafür geben darf, die einen sonst zum Glauben zwingen würden. Der Zugang zur freiesten Tat im Karma der Menschheit kann nur durch die innerste Freiheit des Einzelnen gefunden werden.

Die Kräfte, die den Tod überwinden, stehen jedem Menschen zur Verfügung. Sie werden allerdings keinem aufgedrängt, weil für Liebende die Freiheit des Geliebten das höchste Gebot ist. Das Rätsel des Todes kann nicht rein theoretisch gelöst werden. Nur wer den Tod ganz real in sich selbst überwindet, wer ihn immer wieder in einen Siegeszug seines eigenen Geistes verwandelt, weiß aus eigener Erfahrung, dass der Tod die größte Täuschung, die größte Illusion ist. Und wo mit dem Absterben des Körpers auch der Geist vergeht, zeigt der Tod sein verzerrtes Gesicht: Es ist die Sünde der Unterlassung, die Sünde gegen den heiligen, gegen den eigenen Geist, die nicht vergeben werden darf, weil die individuelle Freiheit keine Verfügbarkeit von außen zulässt.

Das Jüngste Gericht des Christentums kennt nur Unterlassungssünden, nur Sünden gegen die Freiheit. Der christliche Sohn hat die menschliche Freiheit möglich gemacht. Mehr darf die Liebe nicht tun, weil für sie die Freiheit unantastbar ist. Das universelle, für alle gültige Schicksal des Christentums liegt in der geschichtlichen Tatsache, dass der göttliche Sohn die Seele jedes Menschen immer weniger körperabhängig und immer geistfähiger macht. Ihm ist es zu verdanken, dass die Naturnotwendigkeit, die Ananke der Griechen, nicht mehr mit uneingeschränkter Allmacht auf die Seele des Menschen einwirkt. Seliger ist ein Bettler auf der Erde als ein König im Reich der Schatten – das war die Selbsterfahrung der Menschen vor Christus. Und die Lösung kam mit den Worten: «Selig sind auf der Erde die Bettler um den Geist, denn ihre Sehnsucht wird in ihnen selbst das Reich des Geistes Wirklichkeit werden lassen.»

Christentum ist im Schicksal der Menschheit die individuelle Sehnsucht der Seele nach dem Geist. Diese Sehnsucht nennen die Christen «Christus in mir» – nur muss man sich bewusst machen, dass dieses Angebot des Sohnes, im Unterschied zu den Geboten des Vaters, nicht zur Unterwerfung oder passiven Entgegennahme auffordert, sondern eine Hilfe zur individuellen Mitverantwortung im Denken und Handeln sein will. Der Tod verliert seinen Stachel, wenn der Mensch die Erfahrung macht: Mein Denken kann so schöpferisch, mein Wollen so frei von jedem Zwang werden, dass die Geschicke meines Körpers meinem Geist nichts mehr anhaben können. Und wenn der Körper abstirbt, kann der Geist erst recht seine ewig siegende Unsterblichkeit erleben.

Die Globalisierung der Wahrnehmungen und das Ringen mit dem Bösen

11. September 2001: Apokalypse in New York. Durch die Globalisierung der Informationen erreichen die immer gleichen Bilder gleichzeitig alle Menschen. Zum ersten Mal im Schicksal der Menschheit ist es in jüngster Zeit möglich geworden, dass alle Menschen auf der Erde zu Zuschauern derselben Ereignisse gemacht werden, dass sie gleichzeitig mit dem Geschehen dieselben Wahrnehmungen erleben. Wenn auch vermittelt durch Fernsehbilder – wird die ganze Menschheit durch eine Reihe von aufrüttelnden Wahrnehmungen vereinigt, die die stärksten

inneren Gefühle hervorrufen und die eindeutig beweisen, dass die Menschheit ein unteilbarer, lebendiger Organismus ist.

Die so genannte Globalisierung zeigt ihr tieferes Wesen in diesem gleichzeitigen Erleben derselben Wahrnehmungen durch alle Menschen. Die Natur bietet schon lange allen Menschen dieselben Wahrnehmungen an. Ihre Gesetze, die sich immer in gleicher Art wiederholen, verlangen aber keine gleichzeitige Wahrnehmung, um zum gemeinsamen Erlebnis zu werden. Die Natur ist wie eine sinnliche Spiegelung der Ewigkeit, das Schicksal wie ein wahrnehmbares Abbild der Zeit, der sich nie wiederholenden Entwicklung.

Die Griechen hatten zwei verschiedene Wörter für «Zeit»: «Chronos» für die Ganzheit der Zeit und «Kairos» für den einmaligen, unwiderruflichen Augenblick. Im Mythos wird erzählt, dass Chronos nie von seinen Kindern – vergleichbar mit den aufeinander folgenden Augenblicken – abgesetzt oder abgelöst werden kann. Nein, er verschlingt selber seine Kinder, sie liegen ihm sozusagen schon immer «im Magen», weil die Gesamtheit der Zeit ein göttlicher Plan ist, in dem alles schon enthalten ist, was erst nacheinander in Erscheinung tritt.

So wie die Griechen mit dem Problem des Todes und der Zeit gerungen haben, so ist es die Aufgabe der heutigen Menschheit, mit dem Schicksalsproblem des Bösen zu ringen. Warum? Wie im Leben des Einzelnen, so wird auch in der Entwicklung der Menschheit die Fähigkeit zur Selbstbestimmung immer größer. Immer stärker wird der

Mensch zum freien Mitgestalter seines Schicksals. Durch die zunehmende Freiheit wird er immer fähiger, sowohl Menschliches – das Gute – als auch Unmenschliches – das Böse – zu bewirken. Das Fortschreiten der Freiheit bedingt, dass das Gute und das Böse immer weiter zunehmen, was die Auseinandersetzung mit ihnen immer unausweichlicher macht.

Was ist eigentlich das Böse? Die Frage kann nicht beantwortet werden, ohne zugleich die andere zu stellen: Was ist das Gute? Angenommen, das Böse ist nichts Wesenhaftes, sondern nur ein Mangel an Gutem – so wie zum Beispiel Schulden nicht eine reale Menge Geld darstellen, sondern lediglich den Mangel an Geld. Das Böse wäre dann immer ein Versäumen, eine Unterlassungssünde. Es wäre böse, wenn ein Mensch mehr aus sich hätte machen können und es nicht getan hat. Das Schlimme des Egoismus wäre nicht die Selbstliebe, die vorhanden ist, sondern die Nächstenliebe, die fehlt.

Versäumen kann der Mensch nur das Gute, das er tun könnte. Alle Versäumnisse sind Sünden gegen die eigene Freiheit, sind Unterlassungen einer möglichen Freiheitserfahrung. Die Gesetze der Natur liegen nicht in der Freiheit des Menschen, aber die Entfaltung seines Geistes, seine innere Entwicklung, kennt keine Grenze und kein Ende. Hier hat der Mensch eine unbegrenzte Freiheit, was aber auch heißt: Hier kann er genauso Unendliches versäumen.

Das Schlimme einer einseitig materialistischen Ausrichtung des Lebens liegt nicht in der Wertschätzung der sichtbaren Welt, denn das ist gerade die gute Seite des

Materialismus. Es liegt in der Vernachlässigung des Geistes. Obwohl die Menschen mit ihrem wissenschaftlich geschulten Denken alle Voraussetzungen haben, um eine Wissenschaft des Geistigen zustande zu bringen, ist diese in der westlichen Kultur bis heute ausgeblieben.

Je zahlreicher die Menschen sind, denen das Materielle wichtiger ist als das Geistige, desto unerbittlicher wird der Kampf um materielle Güter wie Öl, Rohstoffe oder Lebensmittel. So wird der Materialismus des Einzelnen durch die Macht der einen über die anderen zum Materialismus der Kultur. Der Materialismus kann als die erste Stufe des Bösen gesehen werden – das Versäumen der Entwicklung des eigenen Geistes. Die Macht ist die zweite Stufe – die Unterdrückung, die Knechtung des Geistes eines anderen Menschen. Das Wesen der Macht liegt darin, dass der eine Mensch als Mittel für das Ziel eines anderen gebraucht wird. Das reine Böse tritt in Erscheinung, wenn der Mensch zum reinen Mittel zum Zweck gemacht wird.

Große Angst und großer Mut – Karma der Menschheit und Freiheit des Einzelnen

Die höchste Steigerung der Macht, sei sie finanziell, staatspolitisch oder militärisch, ist die unvermeidbare Folge des materialistischen Kapitalismus. Seine große Sünde ist weniger der Egoismus des Einzelnen als der *Materialismus* der gesamten Kultur. Die Pflege des Geistes wird verboten durch den einschüchternden Machtspruch, der Geist sei nicht real und die materielle Welt sei die einzige Wirklichkeit. So hat die so genannte westliche Zivilisation millionenfach das Individuum in das kollektive Machtanliegen der Großunternehmen, der Staatsmacht und des Nationalmilitärs eingespannt. Der Mensch soll dem «großen Ganzen» dienen, soll sich für das große «Wir» aufopfern. Die Sklaverei zur Zeit der Griechen ist etwas Mildes, verglichen mit der Versklavung, die in den heutigen Großunternehmen mit Berufung auf Sachzwänge ausgeübt wird.

Was wird geschehen, wenn der internationale Kampf gegen den so genannten Terrorismus diesen noch mehr herausfordert und alle, denen das Leben in der Vernachlässigung des Geistes nichts mehr wert ist, sich und möglichst viele andere in Stadien, in Theatern, Kaufhäusern und U-Bahn-Stationen mit atomaren oder biochemischen Waffen in den Tod reißen? Werden genügend Menschen aufwachen und sich bewusst machen, dass zu den Existenzbedingungen des materialistisch gesinnten Kapitalismus die Ausbeutung einer immer größeren Zahl von Menschen durch eine immer kleiner werdende Gruppe gehört?

Diese kleine Gruppe behauptet, im Namen der freiheitlichen Konkurrenz in den verschiedenen Bereichen zu handeln: im Waffenhandel, der immer neue Kriegsherde erzeugen muss, um seine Umsätze immer weiter zu steigern; an der Börse, die steigende Ungerechtigkeit erzeugen muss, um immer höhere Zinsen zu erzielen; in der Umweltzerstörung, die als unvermeidbarer Kollateralschaden erklärt wird, um die Errungenschaften der «Zivilisation» nicht zu gefährden.

Die Dienstbarmachung des Menschen gehört zu den wesentlichen Voraussetzungen einer materialistisch ausgerichteten Kultur. Die Anforderungen einer Firma oder eines Staates lassen dem Einzelnen kaum Zeit und Kräfte für das «private», individuell und frei gestaltete Leben übrig. Der Einzelne muss daher lernen, dass er niemals ein System ändern kann, von dem er nicht nur seines Geldes wegen abhängig ist, sondern das ihn zur vollen Anpassung, ja zur Unterwerfung zwingen will.

Aber jeder Mensch kann sich selbst dahingehend ändern, dass er seine Abhängigkeit von diesem System auf das absolut Notwendige reduziert. Er wird erkennen, warum die ursprünglichen Ideen des Christentums bis zur Unkenntlichkeit verflacht wurden, warum die Ideale und die Taten des Menschen aus Nazareth als viel zu naiv, viel zu revolutionär abgekanzelt wurden – passend vielleicht für kindliche oder alternde Gemüter, gut für die Sakristei oder für die Verschnaufpausen des Lebens, aber nicht für das Leben. Aber gerade weil das öffentliche, in Institutionen oder Gruppen organisierte Leben wenig von diesem Geist hören will, hat der Einzelne die Möglichkeit, ihn aus eigener Willensinitiative zu pflegen. Denn was eine Gruppe nicht kann, kann der Einzelne durchaus tun.

Die einseitige Fixierung auf Geld und Wohlstand – der kapitalistische Materialismus – hat immer zur Folge, dass die Gesellschaft in zwei Schichten gespalten wird: eine kleine obere Schicht von Menschen, die immer mehr zu verlieren haben, und eine große untere Schicht, die wenig oder nichts zu verlieren hat. Die untere Schicht hat anderthalb Jahrhunderte mit der Waffe der sozialistischen Revolution gegen die Ungerechtigkeit gekämpft – in einer Zeit, in der es noch keine Globalisierung gab. Wird eine globalisierte untere Schicht in der Gegenwart die internationale Speerspitze des Terrorismus heimlich begrüßen und das apokalyptische Zeitalter des Krieges aller gegen alle endgültig einleiten?

Möglicherweise wird die westliche Zivilisation in nicht zu ferner Zukunft von einer Epidemie erfasst werden, die man «die große Angst» nennen kann – die Angst von Millionen von Menschen vor einem gesellschaftlichen System, dem sie selbst angehören, das sie nicht von heute auf morgen ändern können und dessen letzte Konsequenz der Krieg aller gegen alle ist. Diese große Angst wird von der Einsicht erzeugt, dass es nicht mehr möglich ist, das mächtigste System der Welt zu brechen, dem materialistischen Verächter des Geistes die Würdigung des Einzelmenschen – des ewigen Geistes – beizubringen.

Aber gerade in der Stunde der großen Angst hat der Einzelne die größte Chance, die Kraft und die Hoffnung des Geistes zu erleben. Die Grundaussage des Christentums ist, dass die Überwindung des Todes von einem Menschen für alle errungen wurde. Durch seinen Tod und seine Auferstehung wurden allen Menschen die den Tod überwindenden Kräfte zur Verfügung gestellt. In der Auseinandersetzung mit dem Bösen ist es anders: Den Sieg über das Böse, die Rettung der individuellen Freiheit, kann nicht einer für alle erringen. Er muss und kann nur von jedem ganz individuell errungen werden.

Jeder Einzelne kann sich sagen: Die Gesellschaftsstruktur, in der ich lebe, kann noch so unmenschlich sein, es steht mir trotzdem immer frei, Gedanken zu hegen und Handlungen zu vollbringen, die den Menschen als höchstes Ziel haben und die bestrebt sind, ihm alles Institutionelle als Werkzeug zur Verfügung zu stellen. Ich brauche nur bereit zu sein, die Folgen meines Tuns freiwillig zu tragen, wie Christus, das Urbild des Menschen, dies vor zweitausend Jahren getan hat. Die große Angst im Kollektiven findet ihren Schicksalssinn im großen Mut des Einzelnen, der sie überwindet.

So gesehen kann die Apokalypse von New York einen ganz anderen Sinn bekommen. Überall in den Medien sind nur Stellungnahmen des allzu menschlichen Bewusstseins zu hören – aber was ist mit dem «Klügeren», dem überbewussten geistigen Wesen, das alle Ereignisse des Lebens plant? Man muss davon ausgehen, dass dieser «Klügere» in den Menschen, die in New York und Washington in den Tod gegangen sind, sich als Ziel ein Selbstopfer für alle Menschen vorgenommen hatte. Ein solcher Gedanke wirkt vielleicht zunächst befremdlich. Wenn man aber bedenkt, wie unrealistisch, wie illusorisch alle Versuche sein müssen, die Hinterbliebenen der Toten zu trösten, muss man sich ehrlich fragen: Was kann denn überhaupt als echter Trost erlebt werden? Etwa die Aussage, dass alles wieder gut wird? Oder dass alles nicht so schlimm war? Nein, es ist schlimm, es ist schrecklich und erschütternd.

Was die Menschheit am 11. September 2001 erlebt hat, sind die ersten globalisierten Folgen dessen, was der westliche Kapitalismus durch Jahrzehnte, wenn nicht Jahrhunderte angerichtet hat. Diese Taten kann man nicht rückgängig machen, und es ist Wunschdenken, zu glauben, die negativen karmischen Folgen könnten ausbleiben. Jeder billige Trost diesbezüglich wäre eine Bevormundung, ein menschenunwürdiges Hinwegtrösten. Er käme einem Verschleierungsmanöver gleich, das die Lage der Menschheit nur noch schlimmer machen würde.

Das Selbstopfer der Toten in New York und Washington weist auf die tieferen Ursachen dieses Leidens hin. Seine Botschaft ist: So illusorisch es ist, zu denken, man könnte von den notwendigen Folgen des eigenen Tuns verschont bleiben, so dringend ist es, dass die Menschen anfangen, ganz andere Taten zu vollbringen, wenn sie für ihre Kinder und Enkelkinder andere Wirkungen wünschen.

Ein Prozess hat immer einen Anfang, eine Mitte und ein Ende. Am Anfang steht noch alles frei, alles ist noch Ursache. Am Ende ist fast gar nichts mehr offen, weil man ständig mit notwendig gewordenen Wirkungen konfrontiert ist. Auch der Kapitalismus ist ein solcher Prozess, der bereits in die Endphase seiner Wirkungen eingetreten ist. Was jetzt dringend notwendig ist, sind Menschen, die mit Geld, Macht und Globalisierung anders umgehen, so dass für die Zukunft andere Wirkungen und menschenfreundliche soziale Umstände geschaffen werden.

Das alltägliche Bewusstsein der Todesopfer des 11. September hatte sich in ein materialistisch gesinntes Leben einspannen lassen, das eine wesenhafte geistige Welt ignoriert und den Geist im Menschen durch die Sachzwänge der Macht zum Absterben bringt.

Und was hat das weisheitsvolle, überbewusste Wesen in ihnen daraus gemacht? In jenen zwei rauchenden und brennenden Türmen war kein Mensch zufällig anwesend, keiner ist zufällig in den Tod gegangen. So aberwitzig dem materialistischen, geistesblinden Menschen das erscheinen mag: Der Tod der Hingeschiedenen ist in den Absichten eines höheren Bewusstseins als liebeerfülltes, freiwilliges Selbstopfer für alle Zurückgebliebenen vollzogen worden. Sie haben ihr Leben geopfert, um allen Menschen zu zeigen, dass der Sinn des Lebens die Liebe zum Menschen als Geist ist. Stellvertretend für alle haben diese Menschen den Geist so geliebt, dass sie mit ihrem Tod die Vergänglichkeit aller Materie und die Ewigkeit alles Geistigen besiegelt haben.

Ein solches Opfer ist ein erschütterndes Stück Karma der ganzen Menschheit. Und in der Stellungnahme dazu liegt ein entscheidendes Stück Schicksal des Einzelnen: Jeder hat die Wahl, wie er im Denken den Sinn dieses Geschehens deutet und wie er im Handeln die Folgen für sein Leben auf sich nimmt. Jedes Mal, wenn sich das erschütternde Ereignis von New York in abgewandelter Form wiederholt, wird er neue Kraft schöpfen und dazu beitragen können, dass immer mehr Menschen für das Schicksal der ganzen Menschheit individuelle Verantwortung übernehmen.

Pietro Archiati wird 1944 bei Brescia in der Nähe vom Gardasee geboren und wächst als viertes von zehn Kindern in einer Bauernfamilie auf. Er studiert Theologie und Philosophie an der Gregoriana in Rom und später an der Ludwig-Maximilians-Universität in München. In Laos arbeitet er als Lehrer während der schwierigsten Jahre des Vietnam-Krieges (1968-70). Von 1974 an ist er in New York in Verbindung mit dem missionarischen Orden tätig, in den er als Zehnjähriger eingetreten war.

Während einer Einsiedlerzeit am Comer See entdeckt er 1977 die Schriften Rudolf Steiners, dessen Geisteswissenschaft die große Leidenschaft seines Lebens wird, weil sie nicht nur die sinnliche, sondern auch die geistige Welt mit gleichem wissenschaftlichem Anspruch erforscht und dadurch sowohl der Naturwissenschaft wie auch der christlichen Religion einen wichtigen Schritt nach vorn ermöglicht. Von 1981 bis 1985 ist er Dozent in einem Priesterseminar in Südafrika, während der letzten Jahre der Rassentrennung.

Seit 1987 lebt er in Deutschland als Schriftsteller und als freiberuflicher Redner, hält Vorträge, Seminare und Tagungen in verschiedenen Ländern – in völliger Unabhängigkeit von jeder Art von Einrichtung oder Institution. Seine Bücher sind dem freien Geist jedes Menschen gewidmet – der Unerschöpflichkeit seiner denkerischen und moralischen Kräfte.

Foto: Dagmar Kersten

Weitere Bücher von Pietro Archiati:

Das Geheimnis der Liebe

Über die Logik des Herzens

Über kaum ein Thema ist so viel geschrieben worden wie über die Liebe. Und dennoch ist die Frage nach der wirklichen, wahren Liebe so aktuell wie nie zuvor. Was kann man über die Liebe wissen? Was haben Hass, Sexualität, Tod und Vernunft mit Liebe zu tun? Und wie kann die Liebe wieder Schwung in alle Bereiche des Lebens bringen?

Pietro Archiati wagt den Versuch, Geheimnisse der Liebe zu beleuchten, die heute kaum berührt werden und doch das Leben von jedem Menschen bestimmen. Um sie besser zu verstehen, bedarf es allerdings einer neuen Form der Logik: einer Logik des Herzens.

In welchem Bereich des Lebens hat die Liebe keine Bedeutung? Kann es ein wichtigeres Thema geben?

2003, 215 S., **ISBN 3-937078-20-7, € 16,00** SFr. 27,00 A: € 16,50

«Liebe ist...»-Kärtchen: Zwölf Zitate aus «Das Geheimnis der Liebe»

Zum Weiterschenken, in Briefe legen, an Geschenke hängen, in Schälchen zum Mitnehmen anbieten ... (Größe: je 1/4 Postkarte)

Kostenlos! (Direkt beim Verlag anzufordern: 5, 10 oder 20 Sätze je 12 Kärtchen – die Adresse finden Sie auf der letzten Seite)

Kunstwerk Biografie

Eine Entdeckungsreise durch den Lebenslauf des Menschen

Die Biografie jedes Menschen ist ein einzigartiges Kunstwerk. Ereignisse und Erlebnisse, Beziehungen und Taten spielen auf vielfältige, oft verblüffend stimmige Weise ineinander. Wie kommt ein solches Kunstwerk zustande?

Eine Zufallsbegegnung führt zu einer tiefen Beziehung. Eine schwere Krankheit gibt dem Leben eine neue Richtung. Zufall? Schicksal? Oder selbstgewählt als Künstler seines eigenen Lebens?

Was kann es Spannenderes geben als einen Blick hinter die «Kulissen» der eigenen Biografie?

2003, 129 S., **ISBN 3-937078-07-X, € 15,00** SFr. 26,00 A: € 15,50

Geld ist gut, Vertrauen ist besser

Wo Menschen und ihre Fähigkeiten mehr gelten als Geld

Wohin man heute in der Wirtschaft schaut, überall entscheidet das Geld, was Menschen tun und was sie nicht tun. Der eine verwirklicht eine Idee nicht, weil er Angst hat, das Geld könnte ihm ausgehen; eine andere wird entlassen, weil ihre Firma nicht genügend Geld hat. Was würde sich ändern, wenn nicht mehr das Geld, sondern die Menschen mit ihren Fähigkeiten und Talenten das oberste Ziel der Wirtschaft wären? Eine Menge. Zum Beispiel würde sie um einiges produktiver werden, weil Menschen bessere Arbeit leisten, wenn sie sie gerne tun.

Eine Utopie? Pietro Archiati meint: «Ja und nein». Eine Utopie, wenn man diesen Gedanken von vornherein ablehnt. Keine Utopie, wenn man damit beginnt, erste konkrete Schritte in die Richtung einer erneuerten, menschenfreundlichen Wirtschaft zu machen. Eine neue, erfrischende Art, die Wirtschaft zu sehen, und erste kleine Schritte zu ihrer Verwirklichung finden Sie in diesem Buch.

Die Zukunft der Wirtschaft: Menschen und ihre Fähigkeiten werden wichtiger als Geld (Neuauflage von «Macht oder Menschlichkeit»).

2003, 169 S., **ISBN 3-937078-06-1, € 12,00** SFr. 20,00 A: € 12,40

Weitere Bücher vom selben Autor:

Auf Wiederleben!?

Die Frage der Wiederverkörperung in der westlichen Welt

2003, 56 S., ISBN 3-937078-00-2, € 7,00 SFr. 12,00 A: € 7,20

Judas – Absturz und Aufstieg des Menschen

2000, 82 S., ISBN 3-937078-10-X, € 9,00 SFr. 16,00 A: € 9,30

Die heutige Weltlage und ihre geistigen Hintergründe

2003, 46 S., ISBN 3-937078-01-0, € 6,00 SFr. 10,00 A: € 6,20

Mit Engeln und Verstorbenen leben

Die Menschheit an der Schwelle zum Übersinnlichen

2003, 46 S., ISBN 3-937078-02-9, € 6,00 SFr. 10,00 A: € 6,20

Jahrtausendwende, Menschheit wohin?

Die Zeichen der Zeit als Herausforderung der Freiheit

1998, 190 S., ISBN 3-937078-16-9, € 6,00 SFr. 10,00 A: € 6,20

Die Überwindung des Rassismus

durch die Geisteswissenschaft Rudolf Steiners

1997, 86 S., ISBN 3-937078-17-7, € 5,00 SFr. 9,00 A: € 5,20

Weitere Informationen

Alle genannten Bücher bekommen Sie bei Ihrer Buchhandlung oder direkt bei:

Archiati Verlag e. K.
Sonnentaustraße 6a · D-80995 München
Telefon: (089)15 000 513 · Telefax: (089)15 000 542
info@archiati-verlag.de · **www.archiati-verlag.de**

Wenn Sie an Vorträgen, Seminaren und Tagungen von Pietro Archiati interessiert sind, dann schreiben Sie uns. Wir schicken Ihnen gerne den aktuellen Terminplan zu.

Ihr Archiati Verlag